筑摩選書

吉原直樹
Yoshihara Naoki

都市社会学講義

シカゴ学派からモビリティーズ・スタディーズへ

都市社会学講義　目次

都市社会学講義

シカゴ学派からモビリティーズ・スタディーズへ

まえがき

本書のねらい

こんにち、社会が丸ごとデジタル化の波に飲み込まれていくような、いわゆるデジタルシフトがすすんでいる。そうしたなかで、その効用（便利さ）を強調する言説とそのリスク（危なさ）を強調する言説とがせめぎあうようになるとともに、どこまでが現実《リアル》で、どこからが仮想現実《ヴァーチャル》であるかという境界がどんどん曖昧になっている。言い換えると、両者を識別することが困難なほど、現実と仮想現実が相互浸透しているのである。とりわけ都市のあらゆる場面に情報通信技術《インターネットテクノロジー》が組み込まれるようになるにつれ、都市はますますわれわれの理解を越えるものになっている。かつては都市といえば、きわめて身近な、そこにあるものと考えられていた。だからこそ、何よりも迫りくる仮想現実のなかで消えかかっている現実がかもしだす手ざわりを取り戻すことがもとめられるようになっている。

この手ざわりは眼前の都市がきわめて複雑な様相を呈しており、一筋縄でいかない代物であることを認識したうえで、それを言語化することからはじまる。だが、そうしたこだわりが強ければ強いほど、現実がより遠ざかっていくように感じられるのも、またたしかだ。そうしたなかで、わたしたちの周りで現実を問い直し、すくいだすことが基調音《キーノート》となっているような、いわゆる「……のリアル」といった類の書物が続々と立ちあらわれているのは、ある意味で当然であるといえるかもしれない。

本書のねらいは、以上の状況を踏まえたうえで、現実と仮想現実が不分明化した現在の都市の様相を明らかにすることにある。具体的には変転著しいトランジション・シティ（推移する都市）の「いま・ここ」と「これから」を、いまや社会学の先端領域《フロンティア》として台頭著しいモビリティーズ・スタディーズの理論枠組みと概念装置を用いてつまびらかにする。

詳しくは後述するが、DX（デジタル・トランスフォーメーション）に誘われながら立ちあらわれているトランジション・シティの「いま・ここ」では、家族、コミュニティ、学校、職場などから「きしむ音」が聞こえており、個々の生きざまに視線を移すと、ひっきりなしに「壊れつつある」ことが強調される。同時に、それらが都市の現実として立ちあらわれているとき、それらと隣り合わせて新しい関係性や集合性が芽吹いていることも見落としてはならない。こうしたトランジション・シティの両義性と不確定性は、都市を単なる「容器《コンテナー》」としてではなく、「媒体《メディア》」として解明するような理論的地平でかろうじて取りあげることができるが、実はそれに適合的なのが複雑性／複数性と非線形性を認識構造の中心に据えているモビリティーズ・スタディーズなのである。逆にこの立場に立つと、これまでの支配的な都市社会学に色濃くみられた発展主義的で線形的な認識枠組みの再審（＝脱構築と再構築）が避けられなくなる。このことは本書のもうひとつの課題を構成している。

ところで本書でトランジション・シティの「いま・ここ」として例示されるのは、さしあたり移動管理、都市災害とデジタル・デバイド、オートモビリティ（自動車移動）の表と裏、垂直都市から分断都市（divided city）への移行である。詳しくは本書第Ⅳ部でのべることになるが、論点になるものをあらかじめ示すと、トランジション・シティは「みえるもの」「できるもの」よりも、むしろ「みえないもの」「できないもの」に照準を合わせているという点である。

この「みえるもの」と「みえないもの」、「できるもの」と「できないもの」は、ある意味でイギリスの社会学者ジョン・アーリのいう「既知の未知」（known unknowns）と「未知の未知」（unknown unknowns）という区別に対応している。アーリは遺著『〈未来像〉の未来』において、都市の未来像は「予測不能で不確実、しばしば不可知なもの」、すなわち「未知の未知」であるが、それは「人間活動の諸領域において過去から現在にかけて見られる」「多くの既知の未知、とりわけ「未知の未知」の結果なのである」と述べている（Urry 2016=2019: 12)。

ここで注目したいのは、こうした「未知の未知」に関する議論が、先の「みえないもの」にたいする議論、すなわち「みえないもの」に鋭敏なまなざしを向けることによって、その背後に「みえるもの」を浮かび上がらせようとする営みと響き合っていることであり、そのことが本書の以下の展開において最大の眼目をなしている。少なくとも、アーリについていえば、こうした議論は、線形的な未来論の範疇（ごく単純化していうなら、過去、現在、未来は単線的かつ継起的に続くといった議論）に収まらない。

アーリにしたがうなら、「未知の未知」は現時点から未来をみることになるゆえ、動態的であり、プロセスに左右され、予測不可能な相互作用／非線形的なシステムに基軸を据える複雑系の思考に舵を切るしかない。本書では、そうした相互作用／非線形的なシステムがモビリティーズ・スタディーズの理論的核をなしており、そこにモビリティーズがもたらす「間／あいだ」と「はやさ／流転《フルイディティ》」のダイナミクスがひそんでいると考える。この点は本論であらためて言及するが、さしあたり、ここでいう「間／あいだ」と「はやさ／流転」のダイナミクスは、都市がその置かれている状況や場面から徐々に乖離するなかで、一方で距離や領域的な広がりに解消されていく瞬間的時間の機制（しくみ）に取り込まれながら、他方でそれ自体、外に開かれた動態的な変化をともなう「つながり」として現象するといった錯綜したものとしてある。

だから、さきほどのトランジション・シティとしての都市の現実をめぐる論点にいま一度立ち返るなら、この「つながり」がどのような方向性と質を担保しているかを検証することが避けられない。そこにひそむモビリティーズの「間／あいだ」と「はやさ／流転」のダイナミクスは、本書にとって解き明かすべき第一級の課題としてあるのである。

同時に、こうした「間／あいだ」と「はやさ／流転」のダイナミクスは、従来の社会科学、そしてその下にある領域に閉じられたディシプリン（個別科学）では明示的に語りづらいものであることも否定できない。たとえば、社会学についていうと、これまでは国民、国籍、市民といった概念が実体的なものとして理解され、それ自体で独自に存在するものとして単焦点化されてとらえられがちであった。それゆえ、それらの「間／あいだ」がゆらぎ、さまざまな分岐が生じているにもかかわらず、動態に即した把握が困難になる。そこで個別のディシプリンを越えたところで、グローバリゼーション・スタディーズ、メディア・スタディーズ、コミュニケーション・スタディーズのようないわゆるボーダー・サイエンスが立ちあらわれ、人文・社会科学、自然科学の類別に取って代わるとともに、領域に閉じられたディシプリンによる説明もまた後景にしりぞくようになっているのである。いまや、「間／あいだ」と「はやさ／流転」が動態的に変化することを俊敏にとらえたうえで、そこにあらたな「つながり」をみてとろうとするボーダー・サイエンスの出現は必至である。

イマニュエル・ウォーラーステインが脱゠社会科学を提唱するのはまさにこの文脈においてであり、本書においてモビリティーズ・スタディーズの理論体系とかかわらせて都市社会学の脱構築と再構築をめざすのもその点に拠っている。

いずれにせよ、本書はトランジション・シティの実相分析をベースに据えて、都市社会学のパラダイムシフトの可能性を追求し、そのためにモビリティーズ・スタディーズの適用範囲《カバレッジ》を見定めようとするものであり、管見の限り、類似のない都市社会学のテキストを開示しようとするものである。

なお、都市社会学は草創期以降こんにちに至るまで、その連続と断絶の理論的地平において、多かれ少なかれ都市の自覚化形態、つまり自らの立ち位置を問い直すものとして存続してきた。だからこそ、通説としての理解を越える本書は、単にあたらしいテキストとしてあるだけでなく、パラダイムシフトのための内的な与件を備えているともいえる。

とはいえ、この劈頭《へきとう》であえて指摘しておきたいのは、本書で重要なのは、後述する空間論的転回、モビリティーズ・スタディーズ、そして「モビリティーズ症候群」とでもいうべき状況の裡に見え隠れする「間／あいだ」と「はやさ／流転」のダイナミクスをただ確認するにとどまらず、その錯綜する深みに寄り添うことによって、特権的な主体を前提としない見方が構成されるようになっていることである。なぜなら、そのことによって「主観的な表象」次元からではなく、多重的なアイデンティティに根ざす、対他的な関係のなかから立ちあらわれるものに視座を据えることが可能になり、ひいては多様に存在する行為（主体）の連関性、いうなれば節合（アーティキュレーション）、アサンブラージュ、アフォーダンスを析出する視座へとつながっていく契機となるからだ。もちろん、そこでは指摘されるような連関性がそれに逆行するものに容易に反転する可能性も伏在している。

本書の構成

さて以上の点を踏まえたうえで、本書は四部構成で展開していく。

まず第Ⅰ部では、世紀転換期から一九二〇年代にいたる「衝撃都市《ショック・シティ》」シカゴにおいて、ソーシャル・ダーウィニズムの嫡子として立ちあらわれた都市社会学を取り上げる。それは、コーポレイトキャピタリズム（株主資本主義）と一七世紀のイギリス国教会分離派の思想を源流とし、その後アメリカ南部に広がったバプティストの教理に誘われた、社会科学から社会学への制度化の過程で登場したものであり、当初から「理論」と「実践」、「科学」と「改革」のジレンマを抱えていた。シカゴ学派都市社会学の航跡はある意味でこのジレンマに向き合い、それを克服することによってしるされたものである。ここではそのキーフィギュアであるロバート・E・パークおよびアーネスト・W・バージェスの人間生態学と彼らの指導の下で織りなされたシカゴ・モノグラフの理論的骨格を浮き彫りにすることによって、その性格をあきらかにする。具体的には、そうした性格を社会史的な文脈、つまり「認識構造の社会史」としてとらえるとともに、いわゆるモダンにおける「時間と空間」の両義性に照準を合わせた理論的立場に依拠して検証する。そしてそこにエドワード・ソジャのいう「没空間の時間論的偏向」が顕著にあらわれ、それがその後の都市社会学の展開を大きく制約することになったことを示す。

次に第Ⅱ部では、シカゴ学派都市社会学にたいする一連の批判理論《ラディカル・クリティーク》に視点を移す。それは、シカゴ学派都市社会学の方法論的立場のみならず対象設定のありようまでも含めて丸ごと否定するものから、そこに影を落とす時代的制約に照準する宥和的な知識社会学的考察にいたるものまで実に多岐にわたっているが、ここではマニュエル・カステルの「都市イデオロギー」批判を傑出したクリティークとして取り上げる。あわせて、カステルを理論的旗手とする新都市社会学の「もうひとつの都市社会学」としての内実について検証する。ここで着目するのは、新都市社会学がシカゴ学派都市社会学を一貫して向こう側に置きながらも、その後の都市社会学の空間論的転回の契機をなしているという点である。そうした着目とともに、シカゴ・モノグラフを〈読む〉ことによって、その経験的地平が「没空間の時間論的偏向」といった批判に回収できないことを指摘する。

ここでは、シカゴ学派都市社会学とは異なる理論的地平から「もうひとつの都市社会学」への展望がしるされている。それはまぎれもなく第Ⅲ部の空間論および移動論への助走をなすものである。

続いて第Ⅲ部では、第Ⅱ部の伏線になっていた都市社会学の脱構築と再構築が明確にテーマ化されるようになる。それとともに空間論的ルネサンス、空間論的転回、移動論的転回、そしてモビリティーズ・スタディーズの世界に分け入って、理論的座標軸であり理論的枠組みの中心概念にもなっている「創発《エマージエンス》」、ならびにその下位概念であるアサンブラージュ、アフォーダンス、アーティキュレーションの含意が検討される。そこから立ち上がるのは、諸個人から「集合性」が剝奪された後に浮上してくる「間／あいだ」にひそむダイナミクスである。しかしそれが明確に足を下ろすのは、もはや都市社会学ではなく、都市社会学の脱構築と再構築の途上で、あるいはその後に立ちあらわれてくるボーダー・サイエンスとしてのアーバン・スタディーズであるといえる。

なお、ここでは、以上の展開において、人びとをつなぎ、身体を律動させる原義を示しているものとして、ゲオルク・ジンメルの社会化論およびアンリ・ルフェーヴルの社会空間論が取り上げられる。

最後に、第Ⅳ部では、第Ⅰ部から第Ⅲ部までの展開を踏まえて、DX（デジタル・トランスフォーメーション）の真っ只中にあり、変転極まりないトランジション・シティの「いま・ここ」と「これから」が経験的地平から論じられる。考察対象はオートモビリティの表と裏、都市災害とデジタル・デバイド、移動管理であり、アーリがかかげる四つの未来都市である。それはそれぞれに屈曲した様相を呈しており、複雑に交錯しながら、垂直都市から分断都市への移行という基調を織りなしている。そこで観取される、「瞬間的時間」の機制の下にあるデュアル・シティ（二重都市）の相は、一九二〇年代シカゴの都市的世界でみられた空間的凝離の単なる再現・繰り返しではない。むしろ〈集合性〉を徹頭徹尾剝奪された諸個人の間でどのようなリンケージと相互連関が培われるのかが問われている。つまり、絶望のスケープと希望のスケープが複雑に入り交じったスケープをどのように言いあらわすのかが、トランジション・シティの「これから」を想到する際の最大の論点になるのである。

ここで、かりに本書が都市を曲目とする演奏のようなものであるとすると、第Ⅰ部は序奏であり、第Ⅱ部は間奏となる。そして第Ⅲ部は後奏となり、第Ⅳ部はエンディングということになる。ともあれ「まえがき」はとりあえずこのくらいにして本論にすすむことにしよう。

第I部

はじまりとしての都市社会学——シカゴ学派社会学とシカゴ的世界

第1章
社会科学から社会学へ——制度化のプロセス

1　「地位革命」の申し子としての社会学

こんにち、都市社会学といえば、まずシカゴ学派社会学から論じるのが一種の「通過儀礼《イニシエーション》」のようになっている。だから一般の都市社会学のテキストではないものの、本書でも、さしあたりシカゴ学派社会学から論じることにする。とはいえ、より広い視野に立つと、アカデミズムの世界でシカゴ学派といえば、すぐに想起されるのはフリードリヒ・A・ハイエク、そしてミルトン・フリードマンに代表されるシカゴ学派経済学であろう。シカゴ学派経済学は、コーポレイト・キャピタリズムの伝統の上にあり、かつて世界を席巻し、いまなお影響を及ぼしている新自由主義《ネオリベラリズム》の震源であることは、よく知られている。ただ、コーポレイト・キャピタリズムとともにあったという点でいうと、経済学同様、あるいはそれ以上に「アメリカン・サイエンス」としての来歴を有するのは社会学である。
ところで、自身もシカゴ大学で教鞭を執ったことがあるドイツ出身の社会学者ルイス・A・コーザーは、その社会学について次のように言っている（Coser 1978=1981: 91）。

第一次世界大戦から一九三〇年代の中頃までの約二〇年間のアメリカ社会学の歴史は、大部分シカゴ大学社会学科の歴史として書くことができる。

そしていわゆるシカゴ学派社会学（以下、シカゴ学派と略称）が「実用的」で「経験的」な社会学の展開において主導的な役割を果たしたと述べている。とはいえ、シカゴ学派には、成立前史から草創期に至るまでの、いわゆる制度化の時代がある。この時代において社会学に求められていたのは科学的な探究というよりも、人道主義的な関心にもとづく、社会問題解決のための科学の応用であった。したがってこの時期は、「政策」および「運動」と密接にむすびついた社会科学から、改良主義を後景にしりぞけ、「客観性」を志向する帰納科学への傾斜をふかめる社会学への転換前夜の時期とみることができる。
その構造的要因として、南北戦争後のアメリカ資本主義の「強成長」に伴う産業化、都市化の進展があげられる。その結果、大量の移民労働者が都市に流入し、大小さまざまな社会問題が噴出し、社会改良運動を含み込んだ「階級戦争」の台頭に加えて、いわゆる「地位革命」の進展が大々的に見られた。それは、南北戦争後の社会の深部にまで及んだ変動の波が高等教育界をも包み込み、その再編を促した結果でもあった。

「地位革命」とは平たくいうと、それまでの支配的な地位体系（成員の位置関係）が根本から覆ることであり、矢澤修次郎は、「社会学の制度化は、「地位革命」の影響を大きく受けた牧師、専門職などの中間階級、外国で高等教育を受けた若い大学卒業者などが社会改良運動の中で社会学を重用したことの帰結に他ならない」と指摘している（矢澤 1984: 154）。

ここであらためて浮き彫りになるのは、社会学の台頭とキリスト教改良運動・社会福音運動《ソーシャル・ゴスペル》の関連である。そこに示されているのは、一九世紀後半の階層構造・権威構造のダイナミックな変動の下で、「地位革命」に敗れた（プロテスタント）牧師の世俗的なリーダーシップを再確立するために、「社会倫理を達成し、着実な慈善・矯正を遂行」し「社会問題への事実発見をおこなう」（Oberschall 1972: 201-2）ものとして社会学が導入されたことである。だからこそ、制度化のなかで、実践的社会科学と社会改良と社会学が等置されるという状況が続いたのである。このことはアカデミックな世界に「実践」あるいは「改革」の意味を、きわめてあいまいな未分化の形で埋め込むことにつながった。(1)

2　コーポレイト・キャピタリズムとバプティスト・ディシプリン

前節では、社会学の導入がプロテスタンティズム主導の「階級戦争」、「地位革命」、そして社会改良運動にたいするある種の科学的合理化形態であったことを示した。さてその際、そうした合理化形態をうながし、シカゴ学派の確立の中心となったのが、コーザーが取り上げたシカゴ大学社会学科であった。

一八九二年に創設されたシカゴ大学には、スタンダードオイルのオーナーであるJ・P・ロックフェラーのコーポレイト・インタレスト（企業利害）とウィリアム・R・ハーパーのバプティスト・ドクトリンが広汎に埋め込まれていた。つまりシカゴ大学社会学科自体が、コーポレイト・キャピタリズムの社会改良運動への関与をイデオロギー的に正当化するものとして創設されたのである。そしてエスタブリッシュメントである東部のアイビーリーグに代表される大学にたいするアンチテーゼとして、シカゴ・マインド由来の「掘り下げて、発見せよ！」というスピリッツが標榜され、序列なき学部間の自由な競争と初代総長となったハーパーによる一連の「革新的」政策が展開されることになった。そうしたなかで、リベラルな学問風土が培われ、「知的コミュニティ」が形成されソーシャル・ワークに通脈した

「改革」の視点が提示された。

　社会学科についていうと、神学との強固な結びつきと人道主義的な問題関心の下に、現前する社会にたいして楽観的で改良主義的な態度を保持していた、「ビッグ・フォア」と呼ばれた開設当時の四人の社会学者（アルビオン・スモール、ウィリアム・トーマス、チャールズ・ヘンダーソン、ジョージ・E・ヴィセント）の緩やかな指導によって、権威主義的なリーダーシップが排除され、諸ディシプリンの相互浸透に支えられた共同研究体制が確立された。それは社会科学研究評議会（Social Science Research Council）の設立へとつながっていく。

　そして社会踏査、参与観察の〈現場〉を徹頭徹尾重視し、都市シカゴを「社会的実験室」＝「もうひとつの教室」とする方法的態度が育まれることになった。同時に、『アメリカ社会学雑誌』（*American Journal of Sociology*）を創刊して（一八九五年）、その後のアメリカ社会学会（American Sociological Association）におけるシカゴ大学の主導権を確立した。

　ところで、ソーシャル・ワークに基礎づけられた「改革」の視点の確立、遂行という点でいうと、一八八九年開館のジェーン・アダムズの慈善施設ハル・ハウス（Hull House）を拠点とするソーシャル・ワーカーとのむすびつき、さらにそれとパラレルにジョン・デューイ、ジョージ・H・ミード、ソースティン・ヴェブレンらとの交識を深めたことも大きい。ちなみに、アダムズがハル・ハウスで「社会福音」との交識、デューイとの交友を深めるなかで、

「実践」への地歩を固めたことについては、『ハル・ハウス付近の地図と報告書』（*Hull-House Maps and Papers*, 1895）が詳しい。アダムズがデューイの実験的経験主義の立場から執筆に加わった同書は、ハル・ハウスのレジデントたちとの共同の労作であり、「社会学者」アダムズがビッグ・フォアおよびミードによって支えられていたこと、またこれらの人びとに多くの知的刺戟を与えていたことがわかる。つまり、アダムズを介してハル・ハウスと初期シカゴ学派の人びととの間に親密なコミュニケーションが保持されていたのである（表1－1参照）。実際、ビッグ・フォアは折につけ「制度化」の申し子として、社会学（＝社会科学）と社会改革との相補関係を強調し、自らハル・ハウスのレジデントになったり、そこでの拡張講座の講師を引き受けたりした。また大学院生たちにたいして、ハル・ハウスがかれらの調査研究をうながし、「改革」を実践するための場となるよう指導した。

こうして、「制度化」とともに初期シカゴ学派の人びとは現前する社会にたいする「改革」の目を見ひらき、「実践」の手ほどきを身につけていった。そして方法としてのシカゴ・スタイルの確立にたいして「原型」としてのモデルを与えただけでなく、本書の第6章で言及するシカゴ・モノグラフ作成の礎となった。しかしそこに至るまでには、「制度化」当初、そしてその深まりのなかで陥った「理論」と「実践」、「科学」と「改革」の間のジレンマにひとつの答えを与える必要があった。換言するなら、社会学（＝社会科学）と社会改

表1－1　J・アダムズとシカゴ学派の人びと

	社会改良への関与（関心）	ハルハウス	『ハル・ハウス付近の地図と報告書』	J・アダムズとの関係
スモール	中心的、特に経済問題	しばしば訪問	教材として使用、出版を援助	同僚として賞賛：社会改良問題に関する労作によりAJS名誉法学博士
ヘンダーソン	中心的、特にソーシャル・セツルメント	しばしば訪問・講義	著書に使用、おそらく教材としても使用	同僚、類以の社会改良をねらった多数のプロジェクトに従事、ソーシャル・セツルメントを支援
ゼブリン	中心的、特にソーシャル・セツルメント	レジデント、しばしば訪問・講義	執筆者、マッピング法を使用	同僚、フェビアン社会学を支援
ヴィンセント	中心的、特にシャトーカ教育	しばしば訪問		シャトーカ・プログラムにおける同僚
トーマス	重要、しかし分業の理論と実践の部分	しばしば訪問・講義 関連する運動を積極的に支援	移民と都市問題（社会解体）を研究	婦人問題に関する研究の同僚
ミード	自我と社会の理論にとって不可欠	しばしば訪問・講義 関連する組織・運動を積極的に支援	マッピング法を評価	プラグマティズムと日常生活における社会改良の役割に関する研究の同僚
バージェス	あいまい 駆け出しの頃に好意をもつ	距離を置いて賛同	マッピング法を使用 評価はあいまい	女性のイメージをあがめる
パーク	あいまい 事実上、反改良主義	接触は皆無	マッピング法を使用して都市生活を研究	知っている（という程度）

（Deegan 1988: 324より引用。ただし、一部省略）

革との相補関係を脱して、文字通り人間生態学→都市社会学という形で実を結び、さらにシカゴ・モノグラフが叢生するまでには〈迂路〉を経なければならなかったのである。

3 「理論」と「実践」、「科学」と「改革」のジレンマ

ビッグ・フォアは、労働効率や生産性をあげるための労働者管理法であるテイラー主義が順調に滑り出し、フォーディズム、すなわちヘンリー・フォードが自社の自動車工場で編み出した生産方法と経営思想が広がり始めた、二〇世紀初頭の時代的状況下での知的才幹《フィギュア》のありようを示している。かれらは、社会的病苦の漸進的改革に献身する予言的求道者であり、コーポレイト・リベラリズムの担い手としての「社会改良家」であり、中産階級的な価値観点から「現実的」改革を追求するアカデミシャンであった。つまりバプティスト・ディシプリンの内部ないし周辺において「社会福祉に関心をもつ人びと」であったのである。

ビッグ・フォアはたしかに社会問題解決への科学の応用として社会学運動(2)（Sociological Movement）に熱狂した。しかしアカデミズムの世界では、「実践」あるいは「改革」の意味はきわめてナイーブかつプラクティカルなままであった。つまり、「制度化」当初からみられた「理論」と「実践」、「科学」と「改革」の間のジレンマは依然として残されていたので

ある。だから、ロバート・E・L・フェアリスが指摘しているように、「すべての学問的知識は終局的には人類の福祉の向上に役立つが、その際、当該の研究がもつ特定の応用可能性や、直接的なサービス可能性がどうであれ、学問的な追究それじたいに意味があるとする考え方」(Faris 1967=1990: 187) が支配的になるにつれ、ビッグ・フォアの社会学運動は後景に退いていく。

それとともに、ビッグ・フォアからの離陸《テイクオフ》がはじまった。もともとビッグ・フォアを中心とする「制度化」の担い手たちは、アカデミック・キャリア形成の初期の段階においてドイツで学んだこともあって、研究者の社会的責任として社会改良を追求するというドイツ歴史学派の方法的態度を身につけていた。この方法的態度は、まずスモールによって受容され、トーマスの「アドホックな経験主義」[3]へと継承された。しかしこの系では、「理論」と「実践」の関連は等閑に付された。以下に述べるように、「理論」と「実践」、「科学」と「改革」のジレンマの解消は、デューイ等のプラグマティズムとの融合、社会心理学、文化人類学との相互浸透[4]を経て、祖型としてのドイツ歴史学派の「一般化定式」を推敲するなかで、改良主義的スタンスを背後にしりぞけ、「客観性」にのっとった帰納科学への傾斜を深めるまで待たねばならなかった。その先頭に立ったのが、パークであった。

4　ミードの実験的方法

パークの反改良主義的立場に目を向ける前に、それとは異なるスタンスから「理論」と「実践」、「科学」と「改革」のジレンマに向き合ったジョージ・H・ミードのプラグマティズムの基盤となっている「実験的方法」について、ここで簡単に論及しておこう。そのことによって、前掲の表1－1において観取される、ハル・ハウスにおけるパークとミードの「実践」＝「改革」にたいする温度差および次章で言及するパークの「客観性」＝「科学性」に関する議論の特質がより鮮明に浮かび上がってくるからである。[5]

ミードの科学論（＝「科学の方法」論）は、これまで彼の社会心理学の根幹をなすとみなされてきた社会行動主義、すなわち人間は社会的存在であり、人間行動はすぐれて社会過程であるととらえる立場と相同的に語られてきた。そこではいわゆる自我の形成や精神の発達を説く議論と一体のものであり、その中心的な論点は人びとの相互作用とそれにもとづく討論による能動的な社会形成に向けられているという通説が行き渡っていた（Cook 1993）。しかし以下に述べるように、ミードが科学論の中核に据えた「観察」の方法に立脚してみると、そうした通説が間違いでないにしても、より注目されるのは、「観察」に裏打ちされた科学が、世紀転換期において隆盛を極めていたコント流やスペンサー流の実証主義および合理主義と対峙したうえで、異なる者たちの行為の間で生じる出会いを介して他者役割の取得がなされ、内省的《リフレクティヴ》な自己の確立をうながすことを明らかにしているという点である。

上記の「観察」の方法を考えるうえで鍵となるのは、観察された内容と知覚された内容との異同をどう説明するか、という点である。これについてミードは、古代科学と近代科学を比較参照しつつ、前者では古い観念に誘われた目的論的世界像がア・プリオリに設定されており、何らかの必然的な力を歴史のなかにみようとする実証主義（これは世紀転換期における社会科学を色濃く特徴づけていた）と、経験をかぎりなく小さな要素に還元しその規定因をあきらかにしようとする合理主義が主潮となっている、という。他方、後者ではドイツ観念論的哲学の再審にもとづく、個人の知覚経験に照準した観察／意識的方法に依拠して知識の対象を個人の経験のなかに位置づけ、そこにみられる対立を矛盾にとどまらないあらたな「社会的な構成」に導いていこうとする論理が基調音となっている、という。

こうして個人のリフレクティヴな意識の発展とそれに相同する対象世界の再構築に着目する近代科学特有の「観察」の方法が浮き彫りにされる。ミードはそれを「実験的方法」と呼び、古代科学における独我論的な目的論的世界像と一線を画しながら、既存の原理では容易に説明できない、発生自体に意味があるとされる「事実」にもとづいて説明している（Mead

1917; 徳川 2004: 88-9）。

ミードはこの「事実」の側に立って、社会進化の単線的な「法則」を、レッセ・フェール流のものか改革ダーウィニズム流のものかの如何を問わず、峻拒したのである。ミードは、むしろ「法則」の側を「事実」に適合させるべきである、と考えた。そしてそのことによって、たえざる事象の生起によって時の推移が書き直されること、いわゆる「経過の再構成」が生じること（Mead 1932）を認識するようになり、結果的に「結末」をもつ歴史として出来事をとらえるデューイのプラグマティズムに逢着／回帰することになるのである（徳川 2004: 95）。

こうしてみると、「実験的方法」によってとらえかえされるプラグマティズムは、目的論的／線形論的な立場から対象に宿る「真理なるもの」を読み解こうとする、衒学的／特権的な理解様式から派生するものではなく、事象の只中にあって当事者として問題の構造に向き合う、すぐれて実践的な営為なのである。だからこそ、ミードのいう「科学の方法」論、畢竟、「観察」の方法は、真理探究者としての高踏的な立場からではなく、現場との往還を通していわばコミュニティに足を下ろす「第三者の立場」で、「コミュニティ生活の事象」を切り取るところに最たる特徴があったといえる（Mead 1924-25=1991: 44）。考えてみれば、ミードがハル・ハウスにレジデントとしてかかわったのも、理論と実践がたえず交互する、まさに移動する（オン・ザ・ムーブの）知性に拠っていた。
この点はミードの自我論とともに「行為の哲学」に立ち返って、シカゴ学派再考の文脈で検討すべきプラグマティズムの思想的課題としてあるが[6]、ここではさしあたり、みてきたような「実験的方法」が前節で言及した「理論」と「実践」、「科学」と「改革」のジレンマにたいするミード流の回答《レスポンス》であったことを指摘しておきたい。同時に、ドイツ歴史学派の残影をとどめながらも、改良主義的スタンスを後景にしりぞけ、純理論的な次元で想到された「科学性」＝「客観性」にのっとった帰納科学への傾斜を深めるに至った、次章で言及するパークの立論構成との違いにも留意しておこう。少なくとも、パークによるドイツ歴史学派の「一般化定式」への執着は、みてきたようなミードの「社会的な再構成」論の底流をなしているヘーゲル流の弁証法的な言説からは乖離しているようにみえる。

注

(1) だから、シカゴ学派は当初より「理論」と「実践」、「科学」と「改革」の間のジレンマを内包せざるを得なかった。後述する人間生態学はある意味でこのジレンマにたいする苦闘の所産であったのであり、そこにパークのイニシアティヴが貫かれていた（第2章第2、3節を参照）。

(2) そもそもアメリカ社会学は、制度化以前から具体的な社会問題の解決に勢力を割いてきた。それには一つには、ヨーロッパとは違って「封建社会」を欠いた状態で「市民社会」に到達し、過去という伝統の絆から解放されて直接社会的現実と対峙することになったことが大きいと言われている。つまり、アメリカ社会学は最初から都市的な学問を志向し、「都市の問題学」として出発したというのである。

(3) ズナニエツキとの共著『ポーランド農民』を通底する方法的態度のことであり、調査をおこなう前に方法論議によってあらかじめ調査の枠を決めるのではなく、調査の諸段階ごとに目標を設定し、それに適合すると思われる方法によって、さらにその結果を踏まえて、あらたに目標を設定したうえで新しい方法を考案する態度のことである。それは後述する、原理/原則から出発するのではなく、まず結果や事実を優先するといった「実験的経験主義」の祖型をなすものである。またその点では、次節でとりあげるミードの「実験的方法」と相同的であるといえる。

(4) その影響が陽表的に立ちあらわれるのは、ミードの再評価を通してシカゴ学派再考の動きが台頭する第二次大戦後のことである。この点については、第Ⅳ部で言及する。

(5) なお、この節の叙述は、徳川直人の所説に負うところが大きい(徳川 2004)。もっとも、直接引用の箇所は別にして、いちいち取り上げることはしなかった。

(6) 注(4)で触れたシカゴ学派再考の動きに直結するミードの読み直しは、一つには『現在の哲学』において展開されている時間論の世界(Mead 1932)をめぐってなされうる。そこでは、時間の構成がみてきたような「経過の再構成」と重なり合いながら、新たな出来事の創発というかたちで立ちあらわれており、それ自体、自我論および「行為の哲学」の中心的なテーマとなっている。そしてさらにいうなら、本書が目的とする、都市社会学の脱構築と再構築に向けての「空間/場所と時間」の再審のための素材提供の役割を担っている。いずれにせよ、以上の点は注(4)とあわせて、第Ⅳ部において再度取り上げることにする。

第2章
生成期から展開期のシカゴ学派都市社会学

1　ドイツ歴史学派の末裔としてのパーク

前章では制度化に拠り添いながら、社会科学から社会学への移行過程を見てきた。本章ではその到達点をしるすことになったパークの反改良主義的立場について論じる。それは、前掲の表1－1からも読み取れるが、何よりも社会学における「客観性」（objectivity）を主張する点にその最大の特徴があった。前掲のフェアリスによると、パークは「政策」および「運動」を徹底的に排除した。「客観性」＝「科学性」を律する唯一の理論的公準に関心を向けると同時に、人道主義的な関心に誘われた社会踏査（social survey）はおよそ「客観性」に欠けているとして退けたという（Faris 1967=1990）。ちなみに、この立場からチャールズ・ブースのロンドン調査、ポール・ケロッグのピッツバーグ調査などを批判した。[1] 純粋な学問的意図による社会調査（social research）こそ、「科学」と呼ばれるにふさわしいとみなしたのである。

いずれにせよ、こうしてみると、ビッグ・フォアとパークの反改良主義的立場の間には深い亀裂が走っているようにみえる。少なくとも、パークにあっては、「改革」が「社会調査」＝「科学」に置き換えられ、すでにみたような草創期以降の理論と実践、および科学と改革の間のジレンマは解消された。しかしこのことをもって、ビッグ・フォアのスタンスとパークのそれを完全に断絶されたものとしてとらえてしまうことは、必ずしも適切ではない。その反改良主義的立場の突出にもかかわらず、ドイツ歴史学派の末裔としてのパークという位置づけは一定の有効性をもっている。なぜなら、ビッグ・フォアからパークへ紆余曲折しながらくぐりぬけていく経験主義の地平は、まぎれもなく草創期都市社会学の到達点を示していたからである。

C・W・ミルズは、そこで確立されたパークの都市社会学の方法的立場を、実用的な解釈にもとづくプラグマティズムの社会学の典型であるととらえているが、そこで観取される理念型的立場は、ひとことで言うと、歴史的事実の固有性に目を向けるよりは、そうした諸事実のなかにありのままの姿をさぐる、まさに自然史を重視するものであった（Faris 1967=1990: 148）。そして「客観性」を尊重する態度を、対象を「生身の形」で、しかも「ひとつの全体」と見据える立場として徹底させた。それは社会過程の理念型を構成したジンメルの立場と親和性を有していたが、その背後にはスモールにはじまる経験主義の伝統が息づいていたし、デューイとドイツ歴史学派の影響も見てとれる。換言すれば、シカゴ大学が当初から高く掲げ、ビッグ・フォアらの胸に深く刻まれていたバプティスト・ドクトリンが、パークにおいていわゆる「科学的経験主義」(新明正道)として花開いているといえるのである。いずれにせよ、パークの理念型的立場は、シカゴ学派の本流に位置づけられる。

さて、この理念型的立場は、何よりも自然主義的観察眼にもとづくフィールドへの往還を重視した。そして現実との〈対話〉のなかで理論的座標軸の必要性が認識されるようになった。それがパークによって嚮導《きょうどう》された人間生態学、すなわち初期の都市社会学である。

2　パークと人間生態学

パークの人間生態学の特徴は、個人が孤立からはじまって接触を経て相互作用に進む道筋を明示した人種関係サイクル仮説(race relation cycle theory)、そしてそこで鍵概念となっているコミュニティ概念によくあらわれている。人種関係サイクルの第一段階は競争(competition)である。それは最も本能的な相互作用の形態であり、無意識的な過程である。ここではコミユニケーションは未発達である。ところがやがて社会的接触が不可欠なものとなる。その段階であらわれるのが闘争（conflict）であり、個人や集団の間で激しい葛藤が生じる。しかしこの第二段階の闘争も、その内部に育まれる社会統制＝合意によって凌駕される。第三段階の応化（accommodation）である。そしてサイクルの最後の段階であらわれるのが同化（assimilation）である。そこで共通の歴史と経験が共有され、多様な文化の融合がみられる。

表2－1　社会過程と社会秩序

社会過程	社会秩序
競争	……………経済的均衡
闘争	……………政治的秩序
応化	……………社会組織
同化	……………パーソナリティと文化的遺産

（Park & Burgess 1921: 510より作成）

ちなみに、四つの相互作用の型は同時に四つの社会秩序の型に対応しているとされる（表2－1参照）。パークによると、以上の人種関係サイクル仮説において中心的な論点をなすものとして、コミュニティが競争の過程に、ソサエティが闘争→応化→同化の過程に位置づけられている（Park & Burgess 1921: 504-10）。そのうえでパークは、コミュニティが生態学的秩序／共棲、ソサエティが道徳的秩序を担うとし、両者は一つの社会の異なった二面であり相互関係にあるが、実際には「コミュニティを下部構造として、その上に上部構造としてソサエティが形成される」としている。そして、人間生態学が守備範囲《レゾン・デートル》とするのはコミュニティである、と言明している（Park 1952: 157）。

ところで四つの相互作用の型によって社会過程を説明し、それにもとづいてコミュニティとソサエティを二分するのは、明らかにジンメルの相互作用概念に原拠している。同時に、アダム・スミスやヴェルナー・ゾンバルトの下部構造論にもとづく交換主義の色調をおびた「生態学的決定論(2)」の様相を呈している。とはいえ、ここでのパークのまなざしは、無意識的で本能的な相互作用である競争がいかにして意識的な相互作用である闘争、応化、同化によって統制されるかという点に向けられていた。特に後期において、合意すなわち社会的統制の過程に主眼が置かれていたのであり、それがパークの人間生態学の基底に伏在する「文化態度」(P・L・バーガー)であった。

ここであらためて注目されるのは、上述の「生態学的決定論」において、社会の変動を諸要素の対立よりも依存しあう均衡状態においてみようとする均衡論的変動論の立場が垣間見えることである。そこには、人間の本性《ヒューマン・ネイチャー》による同一性の世界が与件とされていた。それはひと言でいうと、「神のみえざる手」が作用するレッセ・フェールの世界を社会ダーウィニズム的な淘汰による再秩序化によって説明しようとするものであった。

統合のしくみを人間の本性による同一性の世界から説明しようとするこうした人間生態学の論理は、一方でまぎれもなく先に概観したような歴史的事実から一般性・法則性を抽出しようとする理念型的立場から派生したものであったが、同時にパークらの生きた時代と社会、すなわち一九二〇年代の都市的世界の特異性が影を落としていた。すなわちそれは二〇年代の都市的世界がその内部にはらんでいた分裂、社会解体の危機にたいするパークの意識を反映するものでもあったのである。これについては次節でやや詳しく述べる。

ただその前に、パークの生態学的決定論において決定的な位置を占める人間の本性をめぐる議論についてひとこと触れておこう。次章で言及するように、それは二〇年代の「都市の時代」においていわゆる資本の論理とともに立ちあらわれたものであるが、考えようによっては人間の本性の可能性を問い、カール・マルクスがいう「人間と自然との関係」を根源に立ち返って論じるものであったともいえる。しかし人間の社会的労働を通して人間と自然とのあいだをダイナミックにとらえかえす視点（いわゆる「自然の人間化」「人間の自然化」（富沢 1979: 19））にまでは至っておらず、結果的に空間をモノとしてあがめる空間的フェティシズムに陥っていた。この点は人間生態学の時間－空間認識の箇所で後述することにしよう。

3 「衝撃都市」シカゴとコーポレイト・リベラリズム

フレデリック・L・アレンの『オンリー・イエスタデイ』は、二〇年代の都市的世界が歴史上空前の賑わいをみせた「繁栄の一〇年間」であったことを色鮮やかに描いている。アレンによると、この黄金の時代はその後のアメリカン・ウェイ・オブ・ライフの起点をしるし

表2－2　シカゴ市の人口推移
（1830-1970年）

年	人口（人）	10年間の人口増加数（人）
1830	100	—
1840	4,470	4,370
1850	29,963	25,493
1860	109,260	79,297
1870	298,977	189,717
1880	503,185	204,208
1890	1,099,850	596,665
1900	1,698,575	598,725
1910	2,185,283	486,708
1920	2,701,705	516,422
1930	3,376,438	674,733
1940	3,396,808	20,370
1950	3,620,962	224,154
1960	3,550,440	-70,522
1970	3,369,359	-181,081

（City of Chicago, *Historical Information about Chicago*, 1975.）

た時期であった。ベーブ・ルースが大衆の英雄としてあらわれ、ジャズがギャングの喧噪を向こうにして一世を風靡したのはこの時代であった（Allen 1957=1975）。シカゴ学派が大いなる関心と驚愕を抱いて向き合ったのは、この時代相の下にある「衝撃都市《ショック・シティ》」シカゴであった（Mellor 1977）。

シカゴはアメリカ中西部のフロンティア開発の砦として一〇〇人にも満たないタウンからはじまり、一〇〇年後にはニューヨークやロサンゼルスに並ぶ巨大都市になった(3)（表2－2参照）。そして何よりもニューヨークやロサンゼルスのような植民地都市の重い因襲から解き放たれ、砦から湖岸のスカイスクレーパーの街へと一足跳びに駆け抜けた。その点でまさに「衝撃都市」（shock city）そのものであった。

ところでこの「衝撃都市」の基層では、テイラー・システムにもとづく大量生産・大量消費のフォーディズムを規定因とする社会の量的現象の拡大と質的流動化の進展がみられ、それとともに伝統的な社会組織や価値意識が根底から揺らいでいた。まさに社会解体の危機に瀕していたのである。

　それゆえ、アングロサクソン的伝統になじんだアメリカ人は、社会解体の元凶とみなした者にたいして社会構成の原理にそむくとして抑圧的態度でのぞんだ。二〇年代の都市的世界は、「異質なもの」を排除する社会であったのである。カトリック教徒はローマ教皇に、ドイツ系移民は母国に顔を向けているということで、また高揚する労働運動にたいしてはクレムリンにつながっているということで、それぞれ社会秩序の維持を妨げる存在だとみなした。カトリック教徒にしてもドイツ移民にしても労働運動にしても、出身の文化を持ち込み、アングロサクソン的伝統にもとづくアメリカ社会にはなかなかなじまなかった。だから、「異質なもの」としてアメリカ社会によって拒否されたのである。

　つまり、アングロサクソン的伝統を守ろうとする側は自己防衛に走り、抜きがたい偏見や差別を増長させていった。その結果、社会全般に「異質なもの」にたいする否定的な風潮が広がるきわめて非寛容《ゼロトレラント》な社会になったのである。(4)

　考えてみれば、大量生産・大量消費を旨とするフォーディズムは大規模な組織労働と巨大な企業独占の連携を制御する国家介入をともなっていたのであり、それは「衝撃都市」の下で静かにすすんでいた経済的不安定化と忍び寄る反体制的な社会運動にたいする自己認識のあらわれであった。換言するなら、伝統的な社会組織や価値意識のゆらぎ、そして人びとの社会解体への危機意識を上からキャッチアップしようとするものであった。その点では、「応化」そして「同化」、畢竟、「社会的統合」を強調する、これまでみてきたようなパークの人間生態学＝二分法的立場は、上述の自己認識に共振するものであったといえる。

あらためて人間生態学に見え隠れしている社会にたいする秩序感覚のありようが注目されるが、それは現実に内在する規範としての価値から共同生活の構成原理を説明し、そこから社会制度を敷衍するトーマスの議論を彷彿させる（Thomas and Znaniechi 1927=1983）。いずれにせよ、シカゴ学派はコーポレイト・リベラリズム（会社中心の自由主義）の創出に不可避な存在であったとするハーマン・シュヴェンディンガーの主張はきわめて正鵠を得ているし（Schwendinger 1974）、シカゴ学派にたいする批判理論《ラディカル・クリティーク》の一翼を担ったとされる所以である（第4章第2節参照）。

4　同心円地帯の表と裏——遷移地帯の光と影

ところで前節でみたパークの人種関係サイクル仮説が人間生態学の嚆矢になるとともに範型であるとすれば、これとパラレルに論じられるのがE・W・バージェスの同心円地帯仮説（concentric-zone theory）である（Burgess 1925=1965）。なお、前掲のコーザーは、「緑の聖書《グリーン・バイブル》」と呼ばれる一九二一年刊行のパークとバージェスの共著『社会学入門』（*Introduction to the Science of Sociology*）がシカゴ学派の基礎を確立したと指摘している（Coser 1978=1981）。もともとパークの人種関係サイクル仮説は、およそ七〇もの「民族国家」のモザイクを「一つの生きた全体」として「自然史的過程」として切り取ったものからなる。同心円地帯仮説はその自然史的過程を「凝離／分結」（segregation）という概念でとらえかえし、記述的にマッピングしたものである。

　バージェスによれば、同心円地帯仮説では都市が拡大するにつれて侵入の波が連続して起こり、人びとはある地域から別の地域へと移動し、その結果コミュニティ間で競争がみられるようになり、空間的凝離／分結が避けられなくなるという。そして、一連の求心的円周によって形象される五つの同心円地帯、すなわち第一地帯＝中央ビジネス地区、第二地帯＝「遷移地帯」（zone in transition）、第三地帯＝労働者居住地帯、第四地帯＝中流階級居住地帯、第五地帯＝定期券通勤者居住地帯ができあがるという（図２－１参照）。レオナード・ライスマンは、このうち遷移地帯が「生態学的

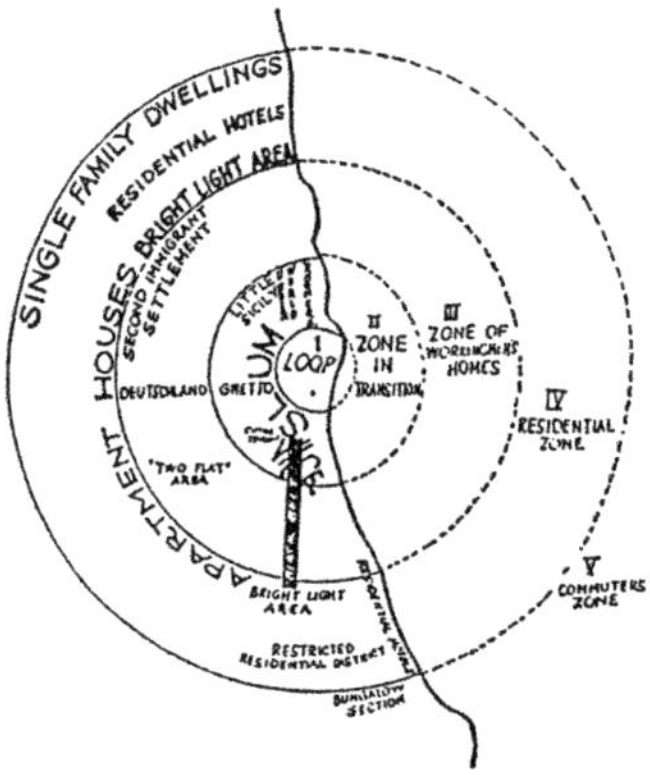

図2－1　バージェスの同心円地帯仮説
（Burgess 1925=1965より引用）

論議を最もよく例示しており、いろいろな意味でこの理論［同心円地帯仮説］の一つの頂点であった」と述べている（Reissman 1964=1968: 117）。この遷移地帯は「衝撃都市」シカゴがはらむ諸矛盾がパークのいう同化（→諸人種／民族、諸文化の融合）の途次であらわれたものであり、それ自体、「自然地域の布置構成《コンステレーション》」のなかにあって自由放任《レッセ・フェール》体制にすっかり組み込まれていた。

パークもバージェスも、遷移地帯に照準していた。そこは、ニューイングランド植民地の時代からヨーロッパの移民をとらえてきた〈アメリカの約束〉[5]の地であり、長い間、アメリカ人になるための準備をおこなう場、すなわち社会的な濾過《フィルタリング》が集中的に作用する場とみなされている。そしてそこに噴出している社会解体現象は、自由放任の世界に特有の再秩序化の過程にあるとみなされている。もっとも、同心円地帯仮説では社会的な濾過《フィルタリング》の過程からドロップアウトし、アメリカ人になれない人びとのこともそれなりに描かれている。つまり、「衝撃都市」シカゴが奏でる「きわだつ光と深い影」（Zorbaugh 1929=1997: 18）＝「表と裏」が両価的にとらえられているのである。しかし、コーポレイト・リベラリズムに連なるものであるという点でいうと、パークもバージェスも大差ない。

5　社会解体パラダイムからみえてくるもの

いずれにせよ、人種関係サイクル仮説にしても、同心円地帯仮説にしても、「遷移地帯の社会学」がシカゴ学派都市社会学の起点を構成していることはたしかである。そしてあらためて、そこを通奏低音《バッソコンティヌオ》するものが社会解体パラダイムであり、それを支える形で秩序中心の視座構造の貫徹がみられること、そしてそのこと自体、コーポレイト・リベラリズムのありようを示していることが論じられる。だからといって、そこからいきなり「社会的統合の社会学」に収斂させるとすれば、早計に失することになろう。ここではむしろ、パークとバージェスが人間生態学の枠組みと鍵概念を練り上げるなかで、「自己完結的な都市領域」という問題構制《プロブレマチック》を都市社会学の中心に据えるようになり、それがかれらの全体性認識[6]をヴィヴィッドに示すようになったことを確認しておくべきであろう。

そうした全体性認識、すなわち対象を「ひとつの全体として」(as a whole) 見据える立場は、一見、J・R・メラーのいう「自由主義的民主主義」に特有の、国家介入を与件とする上からの〈社会化〉にからめとられているように見えるが、そうしたプロセスに一元的に還元されない都市理解の文脈に分け入ってもいる。つまり、そこにレッセ・フェールの残照の下でなおも〈アメリカの約束〉にゆれる人びとの思いをすくいだしているようにみえるのである。これこそ社会解体パラダイムがイデオロギーには完全に解消されない所以である。

とはいえ、シカゴ学派が認識の前提に据えた二〇年代シカゴを総体として理解するには、以上とはやや異なる認識的地平からより深く迫る必要があろう。ひとつには、後述するシカゴ学派にたいする一連の批判理論の裡にさぐることが考えられる。そのためには、シカゴ的世界が後景にしりぞく三〇年代において、シカゴ学派がどう継承され、あるいはどう継承されなかったのかをあらかじめ明らかにしておく必要がある。そこで次章では、ルイス・ワースのアーバニズム論に照準をあててこの課題に向き合うことにする。

注

（1） 藤田弘夫によれば、パトリック・ゲデスらによって担われたシビック・ソシオロジーの伝統を受け継ぐイギリス都市社会学は、C・ブースのロンドン調査に代表される社会踏査を高く評価していたという（藤田 2002）。都市社会学の多系的発展という視点からすると、社会踏査を「非科学的」とするスタンスはあまりにも〈アメリカン・サイエンス〉に拠りすぎていると考えられる。ちなみに、E・W・バージェスは、パークとは異なって、「今後決して重要性を失わない社会研究」としてブースのロンドン調査およびB・S・ロウントリーの貧困調査をとりあげている（Burgess 1916: 493）。

（2） ここでは「人間は有機的被創物であり、若干の相異はあっても有機体の世界一般の法則に従う」

（矢崎 1954: 7）という仮定にもとづいて都市の生態学的分布形態を説明することをさしている。
（3） シカゴとの対比でいえば、とりわけ以下のような因襲都市ニューヨークの暗喩《メタフオリカル》的な諸相が注目される（吉原 1988: 7）。

ニューヨーク。かぎりない興奮と希望に覆われている。そして、いっときの歓喜ののちに無窮の季節《とき》がすぎていく。空を突き刺す摩天楼が破壊の象徴として若者たちの夢想をさいなんでいく。けれども、ここは所詮、気位高い都市。歴史を欠いたアメリカのなかで血眼になって歴史を捜してきた因襲都市。伝統の臭気がしみこんだ空気の下で、街全体が追憶の海に沈んでいる。若者のニューヨークへの旅、それは失われた煉獄の魂を索める行程《ジャーニー》、遠い父母との〈再会〉を期する場である。だから、永遠に放浪する運命を背負わされた若者たちには、この街はさむく、それ以上に重いのだ。

（4） こんにち、シカゴには「平均的なアメリカ」を観ることができるといわれる。たとえば、標準的な米語はニューヨークやロサンゼルスではなく、シカゴ出自のものだというふうに。考えようによっては、こうしたシカゴは、ここでいう非寛容な社会が反転して今日にいたっているといえる。つまり、世紀転換期から一九二〇年代までの都市的世界がはらんでいた異質なものにたいする否定がその淵源にあるといえる。
（5） アメリカは建国時から、ヨーロッパからの移民にとって成功への大いなるチャンスを与えてくれる場であった。そして実際、「約束の地、ミルクと蜂蜜の王国」として多くの人びと、とりわけ富、名声、美を切実に望む若者たちを惹き寄せた。ちなみに、D・スミスは、シカゴ学派がこの〈アメリカの約束〉に鋭敏であった理由を、スモールとトーマスが信仰深いニュー・イングランド出身者であったこと、L・ワースとM・ジャノウィッツがユダヤ人移民の末裔であったこと、さらにパークとW・F・オグバーンが合衆国北部および南部地域の対照的な社会秩序に通じていたことをあげている（Smith 1988: 6）。
（6） 後述する秩序中心の視座構造と領域的マトリックスから派生したものであり、第4章第1節で言及されるシカゴ学派にたいするラディカル・クリティークの根底に据えられている。それはもともと、アメリカ社会思想の基層にあった社会ダーウィニズムの中心軸をなしていたものである。

第3章
パークからワースへ――本流か傍流か?

1 ワースのアーバニズム論

第1章第1節で取り上げたコーザーは、シカゴ学派の影響は事実上、一九三〇年代にまで及んでいると述べ、その際、最大の影響源となったのは、ワースのアーバニズム論であるとしている(Wirth 1938=1965)。そこにおける一連の議論は、都市化あるいは大衆社会化状況について語る場合、いまなお一度は振り返って検討される仮説であり、「最も包括的な発展性のある論述」(Fisher 1972: 188)であるとされている。以下、「生活様式としてのアーバニズム」(Urbanism as a Way of Life)で述べられていることをごく簡略化して再現してみよう。

まず都市を「社会的に異質的な諸個人の、相対的に大きい・密度のある・永続的な集落である」(Wirth 1938=1965: 133)と定義したうえで、そうした都市に典型的に現れる「社会的行為および社会的組織の諸形態」、すなわち「人間の集団生活の特殊な様式として特徴づけられるアーバニズムの諸要素」を明らかにすることが都市社会学の中心課題であるとされる(ibid.: 134, 129)。そして属性(人口規模・密度・異質性)ごとにアーバニズムの現象形態が描き出される。走り抜けに略述してみよう(ibid.: 135-141)。

「人口規模」大量の人口はかなりの範囲にわたる個人的差異をもたらし、諸個人の空間的凝離(segregation)の発生源となる。そして親族や近隣の紐帯と、共通の民俗的伝統から生れる感情は欠如しやすくなるか、さもなくば弱くなりやすい。人口の増加はまた第一次的接触よりも第二次的接触によって特徴づけられる都市の接触を、つまりインパーソナルであり、皮相的《スーパーフィシャル》であり、一時的であるような接触を生み出し、都市住民に特有の詭弁性《ソフィストケイション》と合理性を示すものとなる。他方、親密な集団においてみられるようなパーソナルで感情的な統制からある程度解放されることで、一方で、都会人の慎しみや無関心、歓楽にあきた態度がうながされ、他方で主体的な自己表現、モラール、統合的な社会における生活のなかから生れる参加の感覚などを失わせてしまう。

「人口密度」数量の増大にともなう密度の増大は分化と専門化を生む。とりわけ密度から生じる近接性は物理的接触を増加させ、高雅と野卑、富裕と貧困、教養と無知、秩序と混乱といった一連のコントラストを目のまえにさらけだし、その結果「空間のための競争」が激化し、「労働と居住の分離」がすすむ。同時に多様なパーソナリティと生活様式が入り交じることで相対的な見方や差異を認める感覚が広がり、「生活の世俗化」がすすむ。他方、感情的、情緒的紐帯を欠如した状態で密居生活を送ることによって、労働における競争、勢力争い、相互搾取などを好むようになり、ひいては無責任や潜在的な無秩序を除去するための公的な統制をもとめるようになる。さらに日常的にくりかえされる物理的接触と急速なテンポで強まる神経的緊張は、軋轢と焦燥の原因となる孤独感とパーソナルな欲求不満を深める。

［異質性］住民の異質性は階級構造を複雑にする傾向がある。すなわち、より統合的な社会よりも、むしろ分岐・分化した社会成層（social stratification）をつくりだすようになる。また諸個人の間でみられる高度の移動は社会集団の分化をうながし、都会人に特有の詭弁性とコスモポリタニズムをもたらすとともに、人びとのパーソナリティが部分的に機能し、集団成員が急速に交替し、居住地、雇用の場所と性格、収入、利害が一定しないという状態を生み出す。こうして「流動的な大衆（fluid masses）」が形成される。他方、異質性は都市での多様性にもかかわらず平準化傾向をもたらし、さらに個性（individuality）が範疇（categories）とみなされるような「非個性化（depersonalization）」を

うながす。

ちなみに、上述のアーバニズムの現象形態は、ワースがアーバニズムの分析図式として提示した相互に関係する三つの視角、すなわち、⑴人口の基礎、技術および生態学的秩序をふくむ物理的構造としての視角、⑵特徴的な社会構造、一連の社会制度および典型的な形態の社会関係をふくむ社会組織の体系としての視角、⑶典型的な形態の集合的行動に加わり、特徴的な社会統制の機構にしたがう、一組の態度・観念と一群のパーソナリティとしての視角、からなる三重図式によって解明されるという。

さてこうしてみると、ワースの主たる関心が都市におこるあらゆる事象にではなく、むしろ社会解体、個人の不適応、自律的な下位文化の存続、逸脱、そしてそうしたものの統合にたいする抵抗といった諸過程に向けられており、しかもそれらを「第二次的接触」という概念を足がかりとし、パーク以来の生態学的枠組みおよび社会過程の概念をキーコンセプトとして明らかにしようとしていることがわかる。その場合、あらためて注目されるのは、方法的装置として形式社会学的な演繹形式がとられ、それがきわめて洗練された立論をもたらしていることである。なぜなら、⑴そこで見いだされる「都市」の主要な生態学的特徴（人口規模、密度、異質性）から、⑵社会生活における社会的相互作用に関する命題《ステートメント》、さらに⑶

これらの命題を根拠にして都会人のパーソナリティに関する命題を演繹する論理とそれを敷衍する分析図式という三重図式は、まぎれもなくパークのそれを踏襲したものであるが、その一方で、典型概念として位置づけられたアーバニズムが「都市化」過程を説明する変数《パラメータ》となることによって、シカゴ学派が創成当初から抱えてきた社会を自然史的過程としてとらえる社会解体論＝社会問題論が後景にしりぞき、これに代わって社会変動論としてのスタイルが前景化しているようにみえるからである。(1)

2　本流だけれども傍流？

いずれにせよ、こうしてみると、ワースのアーバニズム論とパークの人間生態学との〈連続〉と〈非連続〉の地平があらためて問われよう。両者が単なる連続線上にあるとはいえないが、前述したように、立論の基礎のところではともにシカゴ学派の系譜下に位置づけられる。またそのかぎりで、アーバニズム論は「パークの広義の社会学理論の再編成であり、アーバニズムは社会解体の敷衍である」とする高橋勇悦の指摘は正鵠を得ているし、これをもって都市生態学から都市社会学への転回が可能になったとするのも首肯しうる（高橋 1969: 80）。つまり、アーバニズム論はシカゴ学派の本流に棹さしているといえる。しかし、発想の系譜から外れて、すなわち単なる系譜内の論理的帰結を超えて検討すると、本流とは異なる傍流としての形がみえてくる。

こころみに、アーバニズム論をモデル化し、その後の都市的生活様式論、都市化論の先駆けをなしたといわれるクロード・S・フィッシャーの所説をみれば、そのことがより明瞭に浮かび上がってくる。ちなみに、フィッシャーはワースのみてきたようなアーバニズム論を構造レベルと行動レベルに峻別する。そしてデュルケームの『社会分業論』にもとづいて、構造レベルでは人口規模、密度、異質性が構造的分化、制度の形式化を招き、他方、ジンメルの「大都市と精神生活」にもとづいて、行動レベルでは（人口学的含意での）アーバニズムが高水準の神経刺戟、心理的重荷、社会的孤立という形をとる都市生活に導くとする。こうして構造は認識という媒体を通して行動に影響を及ぼし、それ自体、個人的行動の集合であるとする、とする仮説（モデル）を立てている（Fischer 1972）（図３－１参照）。

この仮説は、アーバニズム論を「最も包括的な発展性のある論述」（再出）とする立場から、アーバニズムにおいてみられる論理的な推論の方法である演繹形式に向けられた主要な批判、すなわち「人口規模という事実と他の社会的あるいは心理的事実との関連は……相互関係を明らかにしていない」（Reissman 1964=1968: 157）という批判にたいして、あくまでもアーバニズム論を補強するために打ち立てられたものである。

詳述はさておき、それがアーバニズムの論理を分析レベルにまで引き上げることによってその後の都市的生活様式論の展開に資することになったことは否定し得ない。しかし、それによって、かえってシカゴ学派の本流とのつながりがみえなくなり、結果的に傍流を形成しているということになってしまった。そのため、皮肉なことに、ワースが提示した枠組みがパタン認識にとどまり、アーバン・パーソナリティ（都会人の行動様式）の分析が皮相的なものに終わっているという批判、畢竟、過度の「形式社会学的」偏向[2]に陥っているという批判がアーバニズム論に跳ね返ってくる。こうして、過度の「形式社会学的」偏向というフィッシャーに向けられた批判が、周りまわってワースのアーバニズム論が「本流だけれど傍流」を形成していることの証になってしまっているのである。

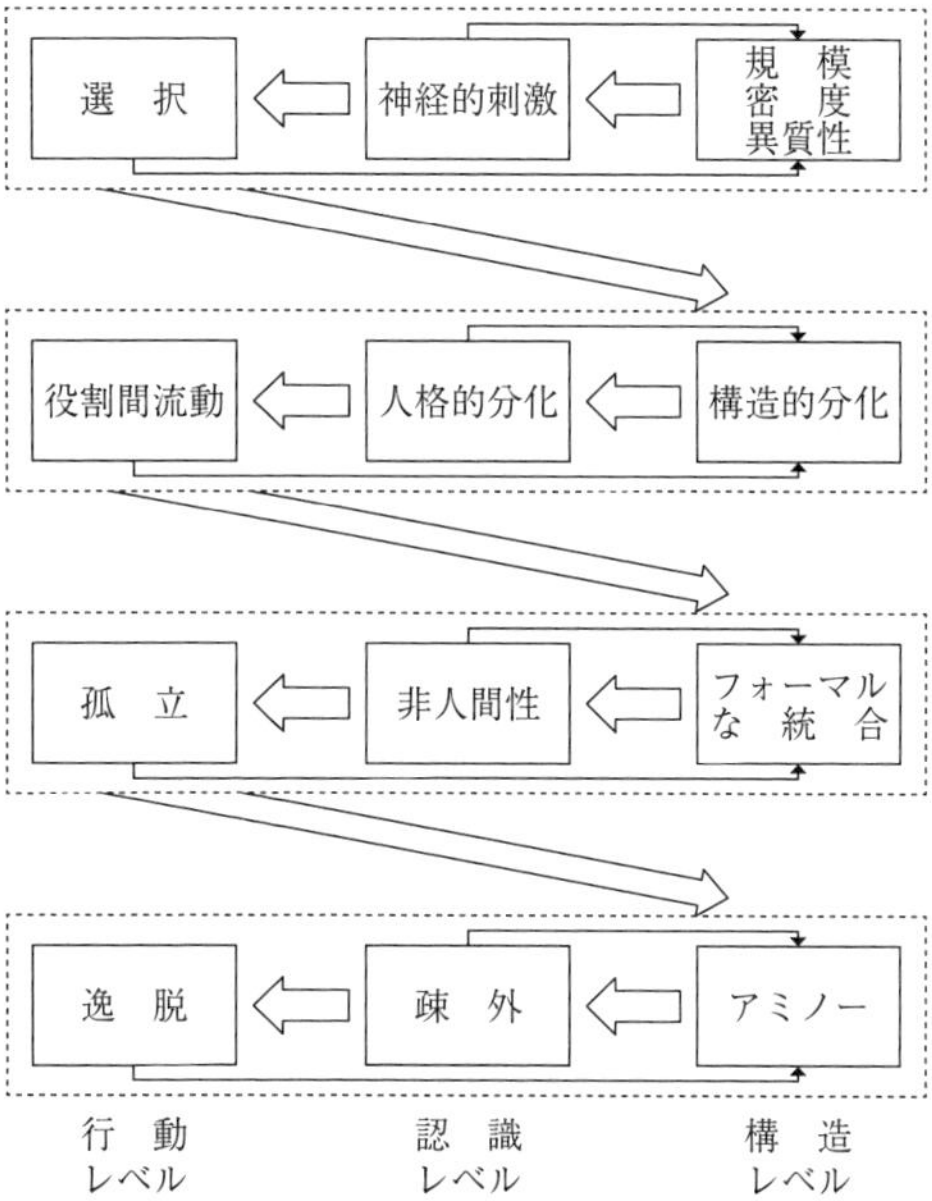

図3－1　フィッシャーによる、ワースのアーバニズム論の図式化（Fischer 1972: 190より引用）

なお、アーバニズム論が「本流だけれど傍流」に位置づけられる背景には、そもそもワースのジンメル受容の限界、そしてそこに投影する世紀転換期から二〇年代までのシカゴと三〇年代シカゴとの社会的・文化的位相の違いがある。前者については後ほど詳しく言及する。ここでは、大都市を社会的孤立の源泉としてよりも、むしろそれが新しい形態のアソシエーションになりうることや、大都市環境が個人的自由と個性の発展のために優良無比の機会を与えていることなどをジンメルが強調しているにもかかわらず、アーバニズム論がそれを見逃しているとするドナルド・N・レヴィンの批判に留意しておこう（Levine et al. 1976）。

3 「大きな社会」の出現と落日のシカゴ的世界

さて、アーバニズム論が「本流だけど傍流」であるのを確認するにあたって最大の論点《イッシュー》となるのは、本書第2章第2節でみたパークの社会過程論において問題関心の中心を占めていた、（合意の可能性をめぐる）社会統制がワースにおいてどうとらえられていたのかという点であり、そしてそこに「時代の刻印」をどう読み取るかという点である。すでに指摘したが、もともとシカゴ学派はこうした社会統制に並々ならぬ関心を示していた。ちなみに、この学派の先駆をなしたトーマスについていえば、彼の主張する「社会的パーソナリティ」という概念にはまぎれもなく「社会再組織化」にたいする願望が横溢していた（Thomas 1919）。では、パークはどうであっただろうか。これも言及済みだが、パークにとって社会統制はヒューマン・ネイチャー、すなわち人間の本性の問題であった。そのうえで社会学を「時間と場所とにかかわりなく、ヒューマン・ネイチャーとソサエティとに関する自然法則および一般法則を得ようとする」科学であると規定した[3]（Park 1955: 197）。

ワースもまたパークの「コミュニティ—ソサエティ」というパースペクティヴを基本的に踏襲している。ワースによれば、コミュニティは自然の、計画によらない共棲的紐帯としてあらわれる。人びとは空間的近接、血縁紐帯、競争的・共同的相互作用にもとづいて「共生」をはじめ、そこから分業および有機的もしくは生態学的相互作用が生じる。これがコミュニティなのである。他方、ソサエティは「空間における人間の分布によって直接規定されない……人間間の意志をもった、契約上の［合意によって成立した］関連」のことである（Wirth 1964: 166）。

そしてワースもパークと同様、コミュニティからソサエティに至る過程に多大な関心を寄せた。注目されるのは、そこから先である。ワースはその過程を説明するのに、パークのように人間の本性がつくりだすとされる同一性の世界に依拠することはなかった。少なくともそうした過程に伏在する統合の機制、合意の心理メカニズムを〈競争のなかの理性〉に還元しようとする立場は後景にしりぞき、「計画」による理性の優位が動かしがたいものとなる。そこには人間の本性に由来する同一性の世界を信じる楽観性《オプティミズム》は微塵も感じられない。

ワースにしてみれば、彼の視た社会では、人間の本性による同一性の世界が暗黙裡に仮定していた、世俗化された文化の可能性、つまり機能的な合理性の精神をはぐくむという可能性が現実化する途は閉ざされていた。むしろそこにキニク主義／シニシズム、反知性主義が横溢する「近代文化の黄昏」(twilight of modern culture) 状況を観ていたのである。だからこそ、ワースは社会科学者や知識人の「客観的な知識」にもとづく「合理的、包括的」な計画に合意の基礎をもとめることになった (Wirth 1936)。つまり、一九世紀後半のフロンティアの社会構造を基盤とする「自由放任の社会学」とそれを基軸に据えた「スペンサーの世界」に支えられていた「合意」が明確に「秩序維持」にシフトすることになったのである。いみじくも、タルコット・パーソンズが「スペンサーは死んだ」と唱道した所以である (Parsons 1937=1976: 17)。

ともあれ、こうして合意にたえず囚われてきたシカゴ学派の社会過程論はカール・マンハイム流の「社会計画論」に行きついたわけであるが、そこには「一九三〇年代の大不況によってもたらされた一般的な世界苦の所産」(Bernard 1973=1978: 144) を自らの試練と受け止めるワースの「文化態度」と、旧中産階級の没落と引き換えに台頭してきた新中産階級の、秩序形成を至上の課題とする「ホッブズ的命題(4)」への希求(まさに新中産階級のゆらぎを反映している)が見え隠れしている。いずれにせよ、「黄昏の一〇年」である一九三〇年代の時代相がここに深い影を落としているのである。

それでは、一九二九年に始まった経済恐慌がもたらした一九三〇年代の時代的状況とはどのようなものであったのだろうか。解雇された失業者が巷にあふれた。そして「人影のいなくなった工場や商店では一三歳の少年を使役する搾取工場が開かれた。最も富裕な都市でさえ山積する負債によろめいた。私的な慈善事業は財源が枯渇し、日常の奉仕もつづきかねた」(Green 1965=1971: 181)。それとともに人びとの間で、「一生懸命に働けば、そして正しいふるまいをしていれば、幸福をあたえられるはずだという考え方」(Allen 1952=1979: 171)が脆くも崩れ、途方もない厭世感がひろがった。こうした厭世感にともなう反知性主義を、ワースは「文化の黄昏」と呼んだのである。

他方、そうした不況過程、「文化の黄昏」状況に特徴づけられる一九三〇年代は「政治の季節」でもあった。マルクス主義の浸透、共産党にたいする共感の高まりとともに労働運動が著しく進展した。そして「労組の圧力もあって、週平均労働時間は……約五時間短縮され、さらに週休二日制が標準となった」のである(Allen 1952=1979: 177)。ワースはといえば、そうした労働運動の高まりをある種の激情的衝動の集塊とみなし、先に言及した反知性主義と同類のものとみなした。そして結局のところ、一九三〇年代の不況過程における「文化の黄昏」も「政治の季節」も同列にあつかわれ、マンハイムのいう「産業的大衆社会」(industrial mass society) の危機とみなされた。だからこそ、ワースにしてみれば、「合理的、包括的」な社会計画を説いたのは、半ば必然であったといえる。

ところで、以上のような不況過程には独占支配の高度な発展がともなっていたことを、あらためて指摘しておく必要がある。一九三〇年代は「わずか二〇〇社のマンモス会社が三〇万会社の資産の半分を支配するという独占集中の量的拡大」(向山 1966: 93) がすすみ、それにともなって相対的独自性を保持しながら、孤立分散的に立地していた都市が全国的な市場に席巻されていくことになったのである。

ここであえて強調したいのは、そうした独占支配の進展が、一つには人間生態学によって浮き彫りにされたメタファーとしての「小さな世界のモザイク」の存立基盤を掘り崩すような「大きな社会」をもたらしていること、(5)そしていまひとつにはアーバニズム論がそうした独占支配の進展やそこに伏在する政治的対立の過程を捨象し、もっぱら「形象化」された理論的地平で「合理的、包括的」な社会計画論に立ちかえっていることである。「シカゴ的世界の落日」を示すとともに、「イデオロギーとしてのアーバニズム」、すなわち「社会的統合のイデオロギー」に代わる「秩序維持のイデオロギー」(つまり「都市イデオロギー」論) が指摘される所以である（Castells 1976=1982）。ちなみに、マイケル・P・スミスは後者に関連して、「政治的対立がしばしば社会の下層階級の利害を政治へと組織化する唯一の手段となることを認識できなかった」（Smith 1979: 44）と批判している。

とはいえ、そうした困難にもかかわらず、ワースが現実にたいして常に強い関心を抱き、社会的責任の自覚を忘れなかったことは銘記しなければならない。それは明らかにパークに始まりワースに引き継がれてきたシカゴ学派の第一級の遺産であったのである。だから傍流だけれども本流でもあるのだ。

注

（1）なお、ここでいう社会解体論＝社会問題論から社会変動論への転換は、大衆社会論的枠組みを媒介変数とする均衡論的変動論への回帰（模様替え）にすぎず、「都市化」過程の動態的な分析へとつながるものではないことを指摘しておきたい。

（2）この場合、「過度の……」と形容される点に、ジンメルの「形式社会学的」枠組みを受容しながら、その基底に含意されているものが事実上看過されていることが示唆されている。と同時に、パークの（ジンメル）受容との異同があらたな争点になることが確認されよう（この点については本章第3節参照のこと）。

（3）この科学の規定には、Wissenschaft の薫陶を受けながら、〈アメリカン・サイエンス〉の嫡子であるパークの立場がよくあらわれている。そこにはドイツ歴史学派の一般化定式とプラグマティックな「社会科学」(**social science**)の立論構成の方法とが暗黙《インプリシット》裡に融合している。

(4)トマス・ホッブズは『リヴァイアサン』において、「万人の万人に対する闘争」(**the war of all against all**)について言及し、それが人間の自然状態であるとしている。簡略化すると、社会は自立した個々人の集合である。したがってそこにいかにして秩序が形成されるかが最大の課題となるというのである。

(5)この「大きな社会」はワースにとって都市的生活様式を把握するための嚮導概念でもある。ちなみに、ワースは「生活様式としてのアーバニズムの軌跡は、もとよりわれわれが……都市の定義として提示する必要条件をみたしている場所に特徴的に見出されうるのであるが、他方、アーバニズムはこのような地域性にかぎらず多かれ少なかれ都市の影響のおよぶところはどこにでも、さまざまの程度に顕在化している」(**Wirth 1938=1965: 132**)と述べている。そこでは明らかに、歴史的に拘束は受けているものの都市を超える「大きな社会」の存在が前提視されている。

第Ⅱ部

もうひとつの都市社会学の展開に向けて——さまざまな批判理論と空間論の台頭

第4章
拡散する批判理論と「都市イデオロギー」論

1　さまざまな批判理論(1)――島崎稔の「都市の社会科学」

シカゴ学派にたいする批判的言説は数多あるが、秩序中心の視座構造、領域的マトリックス、そして全体認識に疑義を向けるものが中心になっている。そこから社会学批判、すなわちマルクス主義社会科学の立場から全面否定するものから、機能主義的な分析視角から技術的効用を部分的に評価するものへと分岐している。

とくにわが国の場合、前者はいわゆる「構造的規定性」を強調するマルクス主義によってシカゴ学派批判の論陣を張ってきた。これには、わが国特有の戦前から戦後にかけての社会学の（不均等）発展が影を落としていた。戦前日本の社会学の伝統は、村落社会学、とりわけその後の構造分析につながるものが一つの主流をなしていた。それにたいして都市社会学は戦後になってからアメリカン・サイエンスとして導入され展開されるようになった。したがって、いきおい構造分析を拠りどころとするマルクス主義によって、アメリカン・サイエンスとしての社会科学への批判が対象に据えられた。それはある意味で戦後初期のアカデミズムの世界におけるヘゲモニー争いを反映するものでもあった。この点を踏まえて、ここでは構造分析派の代表的論者である島崎稔の議論を簡単にみておこう（島崎 2004）。

島崎の都市論は、「都市と農村」論を基軸にして展開される。それはひとことで言えば、以下のように概括することができる（同上。ただし、ここでは吉原 2004: 409 より引用）。

都市と農村との関係を「都市と農村との対立」としてとらえ……、基本的には「土地所有と資本との対立」、「市場関係と共同体との対立」として把握される。そしてそこから、「市場関係の凝集点」としての都市という規定へと導かれる。こうして「都市と農村との対立」を基礎視角に据える「都市と農村」論は、「都市のいわば社会科学的な本質規定」に至る……。［そして］この都市の本質規定に関連して「都市の社会科学」で……は、都市の社会構造を「基礎構造」を土台にして重層的な関係構造としてとらえている。［つまり］基礎構造を規定的なファクターとしつつ、それを社会諸組織（社会関係、社会集団）および生活―意識構造との重層的な連関の裡に都市の全体像をとらえようとするものである。

こうした「都市と農村」論＝「都市の社会科学」の立場は、基底還元主義とか経済決定論に陥っているなどとラベリングされがちであるが、都市の歴史体制的規定としては一定の理論的境位に達している。そこでは既存の都市社会学や都市経済学において、都市が「自己完結的な領域」とか「独自の対象」などとされ、変動それ自体の社会的現実が内包する意味を、結局のところ外在的な契機としてしかとらえていないと批判される。そのうえで都市研究の主題がもっぱら山田盛太郎の再生産表式論（いわゆる日本資本主義論争史において画期的な役割を果たした『日本資本主義分析』の中心的なテーゼ）の具体化に置き変えられ、都市の構造的側面の把握を特権的領域とする、いわゆる構造分析の手法が打ち出される。まぎれもなく、ここでいう批判理論のトリガーになっている。[1]とはいえ、シカゴ学派の理論的特徴に多少なりともこだわる批判的な社会学の内部もしくは周辺にいる者からすれば、上述の島崎の立場はやはりマルクス主義に特化した異質なものに映らざるを得ない。批判的な価値基準の拠りどころが大きく異なっているのである。

2　さまざまな批判理論(2)――シュヴェンディンガー、ヴェブレン、そしてグールドナー

そこで、島崎の「都市と農村」論＝「都市の社会科学」に一見共振しているように見えるが、決してそれに一致することのない、アメリカ国内で広く普及している批判的な社会学の内部もしくは周辺から立ちあらわれている異系の三つの批判的言説を取り上げてみよう。

第一に取り上げるのは、すでに言及したシュヴェンディンガーの言説であるが、彼はシカゴ学派の歴史的位相に通脈した社会的性格を抽出することによって批判的視座を練り上げている。それを約言すると、繰り返しになるが、シカゴ学派は「社会的統合」を強調する点において心理学的還元主義と同類のものに強く傾いており、そのことがやがて人種対立、統制、利益集団、同化、生存、応化といった一連の概念を編み出すことになったというのである（シュヴェンディンガーの考察対象にはワースのいう「社会計画」は入っていないが、ここに含めてもさしつかえないだろう）。そしてこうした概念装置は、階級闘争、経済的不安定化、さらに忍び寄る社会主義運動にたいする鋭い自己認識のあらわれであり、シカゴ学派が「社会改良家」といわれる所以であり、それを説明するものとなっているという。同時に、シカゴ学派の批判的機能が「制度的機能化の技術的批判」にとどまっているとされる事態の素因を構

成するものでもある、という（Schwendinger 1974）。

次に取り上げるソースティン・ヴェブレンおよびアルヴィン・グールドナーのシカゴ学派にたいする性格づけも上述のシュヴェンディンガーのそれと共通したところがある。両者ともシカゴ学派を「自由主義者」のカテゴリーでとらえている。そのうえでヴェブレンは、自由主義に嚮導されたシカゴ学派においてミルズのいう社会学的想像力が改良主義の支配的文化風土に制約されていること、しかもそうした制約自体が私的所有と資本主義企業に足を下ろす統治様式から派生したものであることを観てとっている（Veblen 1965）。それにたいしてグールドナーは、シカゴ学派をつらぬく自由主義的なイデオロギーが周到な改革主義とつながって〈制度化〉し、集権的な統制の強化に資することになった、と主張している（Gouldner 1970=1975）。いずれにせよ、シカゴ学派の自由主義がコーポレイト・キャピタリズムの利害に沿う形で構造化されたことを、両者はひとしく指摘しているのである。

二人にみられるラディカル・クリティークは、ヴェブレンの場合、きわめて峻烈な批判に終始していたのにたいして、グールドナーの場合、シカゴ学派を通底する自由主義的なイデオロギーが第二次大戦以前は認識を啓発する一大源泉であったとし、宥和的なスタンスをとっているという違いはあった（ibid.: 225）。しかし結局のところ、一連の批判理論は大筋のところで、シカゴ社会学を「社会的統合の社会学」へと収斂させた形でとらえるものであった

といえよう。(2)

3　カステルの「都市イデオロギー」批判

ところで、マニュエル・カステルはこの「社会的統合の社会学」をアメリカ都市社会学の緻密な研究史に即して、「都市イデオロギー」として浮き彫りにしている。彼の主張を簡単に整理すると、概ね次のようになる（Castells 1976=1982. ただし、ここでは吉原 1989: 27 より引用）。

シカゴ学派主導の都市社会学の理論的系譜は「空間的形態」と「都市文化」との因果連関をどうとらえるかによって、二つの潮流に区分することができる。ひとつは「空間的形態」から「都市文化」を演繹する理論であり、いまひとつは「都市文化」から「空間的形態」を演繹する理論である。前者は形式が内容を決定するという考え方、つまり、都市は一所産というよりはむしろ、社会的行動やパタンを決定づける「究極のもの《ウルティメット》」であり、それ自体、空間の特殊な配列であるとするものである。換言するなら、都市生活は説明対象として取り扱われるのではなくむしろ、説明原理そのものとみなされ、社会進化の一局面として「都市文化」をつくりだすというものである。他方、後者は、都市を、空間への社会の投影とみなす立場、つまり、空間の組織化を文化的価値志向によっていざなわれた人間の行為によって決定されるものととらえる立場である。ちなみに、この二つの立場は相互互換的な系譜をしるしているが、刮目すべきは、両者がひとしく形式的な論理次元における一方通行的規定性の弊に陥っていることにあるというよりは、むしろ、「都市イデオロギー」として共通の質をになうようになっていることである。

ここでは、これまでみてきたパークの人間生態学およびワースのアーバニズム論は前者の系（立場）に位置づけられ、「社会的統合の社会学」としての機能を担うとされている。それにたいして、後者の系に位置づけられるのは、いわゆる「文化主義」的立場といわれるものであり、パーソンズの「価値の社会学」やマックス・ウェーバーの系譜をひく歴史主義に代表される、という（Castells 1976=1982; 吉原 1989: 27）。この二つの系は一見したところ正反対のようにみえるが、カステルにとって問題は、前者であれ後者であれ、指摘されるような「空間的形態」と「都市文化」との外見上の相関関係をめぐる経験主義的な概念化に基づいて、先験的な一連のカテゴリーを歴史の起動因として説明する「都市イデオロギー」が広範囲に埋め込まれていることなのである。[3] いずれにせよ、カステルによれば、シカゴ学派は「都市イデオロギー」の召喚を可能にする範例もしくは作業原理であるといえる。

4　新都市社会学の展開——空間論的転回への助走

こうしてみると、新たに争点になるのは、上述の「都市イデオロギー」論と第2章第2節で一瞥した、「構造的規定性」にこだわる都市社会学批判をどう差異化するかという点である。両者は一瞥した限りでは、きわめて親和性を有しているようにみえる。しかし実際のところは否定的に交錯しているのである。そのことを明らかにするために、ひとつの理論的座標軸として「新都市社会学」（New Urban Sociology）を取り上げてみよう。

新都市社会学は、一九六〇年代末から七〇年代初頭にかけて、英仏を中心としてラテン系ヨーロッパ諸国を巻き込みながら広がった。それは階級間の争いに限定されない都市の諸イッシューをめぐる〈都市紛争〉にたいして、その歴史的位相の確定と展望をめぐって立ちあらわれ、その後国際的な影響力をもつにいたった都市理論の新しい潮流のことである。新都市社会学の「新」たる所以は、ほぼ同じ頃にヨーロッパ・サイエンスに深い影響を及ぼした〈知〉の多様な枠組みに刺戟され、またそれを背後要因とするところにあった。論者の間で交わされた「論」の振幅は大きく、さまざまな理論的仮説、概念的枠組みをめぐって多系的な理論的展開がみられたが、シャロン・ズーキンはそれを三つの潮流、すなわち、フランス

表4－1　新都市社会学の3つの潮流

Ⅰ　フランス	（代表的論者）
1　構造主義的アプローチ	M・カステル
2　史的唯物論的アプローチ	J・ロジュキーヌ
3　社会運動論的アプローチ	A・トゥレーヌ
Ⅱ　イギリス	
1　ネオ・ウェーバー主義	R・パール
2　準構造主義的アプローチ	M・ハーロー、C・G・ピックバンス
3〈政治経済学〉的アプローチ	E・マンデル
Ⅲ　アメリカ	
1　急進的経験主義	H・ガンズ、S＆M・フェインスタイン
2『マンスリー・レビュー』派	W・タブ、L・ソワーズ

（吉原 1986: 12より引用）

のマルクス主義の流れ、イギリスのネオ・ウェーバー主義の流れ、アメリカの急進的《ラディカル》経験主義という三つの流れの並行した進展と合流のうちに整序している（Zukin 1980）。それを示すと、表4－1のようになる。

さて新都市社会学は、マイケル・ハーローによると、前述の「都市イデオロギー」論と共振しながら、三つのテーマ、すなわち、空間的脈絡での資本の展開と労働力の社会的編成、そしてこの二つの要素に拮抗する組織的動態をキーエリアとしている（Harloe 1981: 3）。またそれとともに、初期の「政治経済学」的パースペクティヴが後景にしりぞき、理論の中軸が「空間の社会組織化」にシフトすることになった。こうして空間への着目が新都市社会学において重要なウェイトを占めることになったのである。[4]

この嚆矢を切り拓いたのは、ルフェーヴルの『空間の生産』である（Lefebvre 1974=2000）。ルフェーヴルはそこで資本主義の存続の条件が変わり、生産の社会関係のすみやかで効率的な再生産を保証し、調整するシステムの構築過程において空間の生産が重要な役割を果たすことを指摘した。ハーヴェイは、この指摘に触発されるようにして、カール・マルクスが示した、時間によって空間が縮められていく事態を、まさに空間的組織化という観点によって説明している（Harvey 1990=2022）。

この点については後で詳しく見ることになるが、いずれにせよ、新都市社会学において空間の変容を通して社会をみる視座、すなわち社会を空間によって理論化する方法がみえてきたのである。その意味で新都市社会学は、まさに第Ⅲ部でとりあげる空間論的転回への〈間奏〉をなすとともに、マルクス主義的な都市社会学批判の立場が陥っていた「反映論」を相対化することになった。いまさら指摘するまでもないが、「都市イデオロギー」批判の中軸に据えていたのも、シカゴ学派の空間認識が「形式」が「内容」を決定するという演繹理論からはじまって物的関係が空間に投影されるという「反映論」にとどまっているという点であった。空間を「白紙のページ」のようにみなし、空間はあるけれどもない、言い換えると、一貫して空間を「そこにあるもの」「外的な環境」とみなしたのがシカゴ学派の理論的特徴であったのである。

同時に、それはシカゴ学派のモダニティ認識を浮き彫りにするものでもあった。いみじくも、エドワード・ソジャはそこに「空間の幻想」の一つの範型を見いだし、それを後述する「没空間の時間論的偏向」と名づけたのである（Soja 1985）。

注

（1）島崎は社会学的と目される都市分析に色濃くみられる些末実証主義的傾向の裡にひそむ技術論的退廃を鋭く論難している。その点ではこの後で取り上げる一連の批判理論の論調を共有している。もっとも島崎はその一方で、「真実は常に具体的である」ことを胸にきざみ、「実証」にこだわり続けた。何よりも公式的な批判、清算主義的否定を忌み嫌ったのである。

（2）なおここでは言及しなかったが、批判理論にたいする理解を深めるには、ドン・マーティンデールやギデオン・ショバークのシカゴ学派批判の立場をみておくことも必要だろう。かれらのシカゴ学派批判はひとことでいうと、「勝手きままな経験主義」（isolating empiricism）の立場から末梢的な事実の蒐集に終始し、全体的な関連への洞察を欠き無理論的性格に陥っているとするマンハイムの批判的立場（Mannheim 1953）を継承するものであり、結局のところ社会の総合的認識やゲシュタルト的な展望を欠いているということが批判の眼目になっている（Martindale 1958; Sjoberg 1959）。しかしこうした批判はシカゴ学派の分析視角の論理構築化の内面にまでは立ち入っていない。むしろ、Wissenschaft の科学であるヨーロッパ都市論への傾斜が際立っている。ちなみに、マーティンデールは、アメリカ都市社会学の調査至上主義的動向を「精密コンプレックス」（exactitude complex）に陥っていると峻烈に批判している。マーティンデールによると、そこに制度論不在の概念化の弊をみてとることができるという。まさにヨーロッパ都市論に軸足を置いて、アメリカ都市社会学を指弾しているのである。

（3） そこでは「都市社会学の理論的危機」が複眼的に見据えられている。なぜなら量的現象の豊富さに目を奪われ、ここでいう相関関係の背後にあるものを見失っているそうした事態は、結果的に「上からの統合」に響き合っているからだ。なお、すぐ前の注（2）で取り上げたマーティンデールは、すでに一九五〇年代後半に「都市社会学の理論的危機」をウェーバーの都市論に準拠しながら、きわめて直截的に以下のように指摘していた（Martindale 1958: 11）。

われわれは都市のテキストのなかで何かを、いやすべてを見いだすことができよう。ただ都市そのものを創り出す生き生きとした原理以外は。われわれは、ピランデッロの戯曲「著者を探し求める六人の登場人物」に想いをはせる。すべてのものはあるが、全体に生命を授ける一つの正確な本質だけはどうしても見いだせない。すべてが語られた後に、なお次のような疑問が残る。すなわち、都市とは何か。

現在からみれば、マルクス主義的な反映論とは異なる、制度論に立脚する理論的危機論の一種であるといえるが、外在的批判の色調をとどめていたことは否めない。

（4） だからこそ、社会学は社会全体の発展に即して都市的発展をとらえる「政治経済的アプローチ」に共振するが、そこで最も強い関心を向けるのは政治的・経済的ダイナミクスそのものではなくそれが空間的用語でどのように表現されるかという点にある。つまり「空間的関連それ自体……が社会的に決定されるということが認識される場合にかぎって都市社会学の主題にはいりこむ」（Harloe 1977: 2）のである。

第5章
「没空間の時間論的偏向」再論

1　シカゴ学派の時間と空間へのまなざし

本章では、エドワード・ソジャのいう「没空間の時間論的偏向」に言及する。しかしその前に、そもそもシカゴ学派の時間と空間へのまなざしが、前章で概観した、形式が内容を決定するという「都市イデオロギー」の核心部分と重なるところがあることを指摘しておく必要がある。そしてそのためには、いま一度第2章および第3章に立ちかえってシカゴ学派の理論的特徴を確認しておくことが欠かせない。

考えてみれば、一九二〇年代シカゴは人びとがアメリカ国民として一元的に統合されるような時代と社会ではなかった。そこは社会的分水嶺をしるすものとしてジェンダー、階級、世代が独自のカテゴリー（を構成するもの）としていまだ明確に立ちあらわれておらず、エスニシティをめぐる秩序のゆらぎが唯一の問題構制になるという状況にあった。そうしたなかで、社会学がメタファーとしての「小さな世界のモザイク」になお寄り添うとすれば、何らかの枠組み、概念を埋め込む必要があった。パークの人種関係サイクル仮説およびバージェスの同心円地帯仮説の鍵概念となっている同化と凝離／分結はまさにそうしたものとしてあったのである。

ちなみに、同化は中心化と周辺化のメカニズムのなかにあって、それ自体線形的な時間の経過とともにある、ヒトの単方向的な移動をあらわすものであった。他方、凝離／分結はそうした移動の途次における代置／継承のプロセス[1]を示すものであったといえる。したがっていずれも「求心化」の動きを自然地域の布置構成の中心に置くものであった。つまり、都市的世界を身体におけるメタボリズム（新陳代謝）のようにみなすとともに、そこに線形的な時間観念に裏打ちされた一般様式（general pattern）を設定しようとする点にその理論的特徴を見いだすことができる。いうまでもなく、そこには社会ダーウィニズムの残影が見え隠れしている。

ちなみに、一九三〇年代になると、指摘されるような「小さな世界のモザイク」の存立基盤が大きく崩れ、自然地域の布置構成を中軸に据える人間生態学の有効性が問われるようになる。そのうえで立ちあらわれたワースのアーバニズム＝都市的生活様式図式は、たしかに視野を全体社会に広げるものであったが[2]、同化、凝離／分結をより形象化した次元で引き継ぐものでもあった。したがって上述の一般様式はアーバニズム論においても有効なものとして維持された。

ところで、この一般様式は、都市的世界が発展、拡大に向けて一律に（≒単方向的に）展開し、いわば社会的濾過が落層化《フィルタリング・ダウン》という形で一部綻びを露呈させながらも基調をなす理論立てとして有効であった。そしてそこで描かれたモノトーンの時代相は、さらに深く掘り下げていくと、近代（モダン）の時間と空間に根ざしていたのである。ここではそれらを例示しているものとして、さしあたり、ウォーラーステインの以下の言説を援用しておこう（Wallerstein 1991=1993: 9）。

> 社会科学を支配してきた認識論の最も目立った帰結は、分析から〈時空〉を排除してきたことであった。地理や年代記がまったく語られなかったというのではない。もちろんそれらは語られたし、しかもきわめて広汎に語られた。しかしそれらは、物理的不変量、したがって外生変数として考えられてきた。……したがってまた、内生的であるのみならず、社会構造と歴史的変遷を理解するのに重要な変数として考えられてきたわけではない。

その結果、近代の時間は基本的には同質的時間と空間の絶対性にもとづくものとされてきた。イヴァン・イリイチによると、それはベーコン主義的な前提を遡源とし、「時間を厳守すること、空間を測定すること」そして「そのようにして具体的な事物と複雑な出来ごとを抽象的な量に変換すること」に根ざしているという（Illich 1973=2015）。ちなみに、スコット・ラッシュとアーリは、同質的時間を「時間の細分化」、「社会生活のタイムテーブル化と数学化」の裡に観てとっている。またピエール・ブルデューは絶対的空間を「幾何学の連続的空間」、さらにハーヴェイは「冷徹な合理性」に裏打ちされた「正確な地図」、畢竟、遠近法空間の広がりという形で示している（Lash and Urry 1987; 1994=2018; Bourdieu 1985; Harvey 1990=2022）。

2　モダンの時間と空間の両義性

しかしモダンの時間と空間を一義的に理解するのは適切ではない。他方でそれは、「拡がりのある時間」と「関係性にもとづく空間」でもある。[3] 先に取り上げたウォーラーステインに立ち返ると、社会的構築にもとづく〈時空〉である（Wallerstein 1991=1993）。ここであらためて想起されるのは、シャルル・ボードレールのいうモダニティの両義性である（Baudelaire

1972=1987: 150)。

現代性〔モデルニテ〕とは、一時的なもの、うつろい易いもの、偶発的なもので、これが芸術の半分をなし、他の半分が、永遠なもの、不易なものである。

この両義性に目を向けると、モダンの時間と空間をどちらか一方にのみ引き寄せてとらえるのは有効ではないことがよくわかる。ソジャはシカゴ学派以降の都市社会学を「没空間の時間論的偏向」に陥っていると述べている。これはつまり、基層をなしている時間論がモノトーンに流れ、空間の社会的構築にたいする認識がきわめて希薄であるということを意味している。この指摘は、たしかに社会生活の時間性、空間性をニュートラルなもの、均質・均一なものとみなすモダニティ認識の一面性を鋭く衝いており、空間フェティシズムの原拠にたどりついているといえる。しかしその一方で、「拡がりのある時間」、「関係性にもとづく空間」という側面を見過ごしている。そのためにモダニティのダイナミズムが視野の外に置かれ、結果的に先に言及したモノトーンの時代相を上塗りしてしまっているともいえる。つまり、「都市イデオロギー」を否定しながら、結局のところそれに共振してしまっているのである。たしかに、ソジャによる指摘が「都市イデオロギー」批判から空間論的展開へのひとつの契機をなしていることは否定し得ないが、いまだ外在的批判の残滓をとどめているのも事実である。

　だから、モダンの空間と時間の両義性を踏まえたうえで、シカゴ学派の空間へのまなざしを浮き彫りにしようとするなら、ソジャの「没空間の時間論的偏向」という議論に全面的に回収するのではなく、それとは別の文脈から再検討してみるのも重要であろう。その一環としてここで提起したいのは、パークがフィールドに徹底徹尾こだわり、自然主義的観察眼にもとづく実証的記述＝実相分析として推し進め、バージェスによって事実上その端緒が切り拓かれたシカゴ・モノグラフが「拡がりのある時間」、「関係性にもとづく空間」をどの程度担保していたかという問いである。そのことは同時に、シカゴ学派再考に向けて課題を導出するうえでひとつの契機になるだろう。

注

（1）ロドリック・D・マッケンジーによれば、凝離とは「一つのコミュニティのなかで、人口が特定の性格をもった集団に地域的に分立《セグリゲイト》する過程」のことであり、代置（succession）とは「一定地域の占有者とか職業とかが他のものにまったくとって代わられる過程」のことである（Mckenzie 1950: 32-36）。いずれも継承的連鎖を特徴とする生態学的過程（ecological process）の一コマをなしており、一方向に向かうヒトの単方向的な移動の途次をしるすとともに、前述のパークの人種関係サイクル仮説およびバージェスの同心円地帯仮説を通底する中心化と周辺化の機制のなかにある。

（2）　第3章の注（5）で引用したバージェスの言説を参照のこと。

（3）　それは後述する同質的時間および絶対的空間と対をなしている。より正確にいうと、表裏の関係にある。両者の分水嶺をなすのは「生きられる共同性」である。それは人間の生の営み＝「住まうこと」に内在するものであるが、同質的時間および絶対的空間はこの「生きられる共同性」から乖離・疎隔しているのにたいして、「拡がりのある時間」は「生きられる共同性」に内在する感覚的、質的に生きる身体とむすびついた、いうなればエトムント・フッサールのいう「内的時間」に近い。それは過去・現在・未来の区分が中心となるような年代記的《クロノジカル》なテーマ設定からは出てこない。過去は現在によって自由に出し入れが可能になる、いわば「引き出し」のようなものとしてあり、未来は現在からのみ想到することができる（Husserl 1928=2016）。他方、それと共振している「関係性にもとづく空間」は「生きられる共同性」とともにあるつながりがメルクマールとなるような、アーヴィング・ゴフマンのいうアウェイ（away）を視軸に据えた空間のことである（吉原 2019）。

たとえば、学生たちがある教室で授業を受けている状況を思い浮かべてみよう。その場合、継起的な時間と物的な空間を共有しているが、そこでサークルのことや今日これから会う人のことなどを考えていたとすれば、別の時間を生きている可能性がある。したがって、同じ時間・空間のなかにいてもその時間・空間は異なる。つまり揺らいでいる（アウェイしている）のである。

第6章
シカゴ・モノグラフを読む

1　二つの時間、二つの空間のアガルマ

そもそもシカゴ・モノグラフとは、いわゆるレッセ・フェールの経験則に浸された都市の下位文化――そこにはエスニック・ソサエティのありようがモザイク状に投影されている――を「衝撃都市」シカゴの生態学的な過程の裡にさぐるために、若き社会学徒が第二世代のシカゴ学派、とりわけパークとバージェスに導かれて「街」に出て、「生身の現実」に向き合うなかで織り上げられたモノグラフのことである。そこで光芒を放っているのは、画一的な価値基準にもとづく都市理解を超えて都市的現象の底に存在するものをあきらかにしようとする方法的態度であった。そうした方法的態度の下に編み出されたモノグラフは、一切の寓意《アレゴリー》と幻像《ヴィジョン》を排して二〇年代の都市的世界を伝えている。

その際、モノグラファーたちが特に腐心したのは、方法としての参与観察である。それはパークが先に取り上げた『社会学入門』のなかで若き社会学徒にたいして、各人が現前の都市的世界において関心をもっている問題について直接にしかも個人的に経験すること、そしていわゆる内観と第一次資料の収集に徹することをもとめているのに呼応したものであった。結果として、おびただしい数のモノグラフが産出されたわけであるが、そこにいたる参与観察、そして事実発見に照準を定めた記述的スタイルには、地図作成、歴史収集、ウォーキング等が駆使された。つまり、「街」を歩きながら地図作成と歴史収集にもとづいてモノグラフを織りなすというのがモノグラファーたちの基本的なスタンスとなった。

ここであらためて注目されるのは、そうしたモノグラフの累積が同心円地帯仮説をきっかけとして、一方で社会地図を精緻化する方向で、他方で都市が強制する力と人びとの「自己証明」への渇望が激しく交錯する「生活世界のドラマトゥルギー」を浮き彫りにする形でみられたことである。[1] 前者は同心円地帯仮説の修正やリライトを繰り返しながら「絵」＝「社会地図」を作り上げていくという発展経路（いわゆる同心円地帯理論→セクター理論→多核心理論）（図6－1参照）をたどった。ここでは上述の「生活世界のドラマトゥルギー」が機能的な点と線による結びつきによる空間の幾何学的拡大とそれに共振する継起的な時間の推移に置き換えられている。ちなみに、シカゴ学派のこの空間認識は既述したD・ハーヴェイの

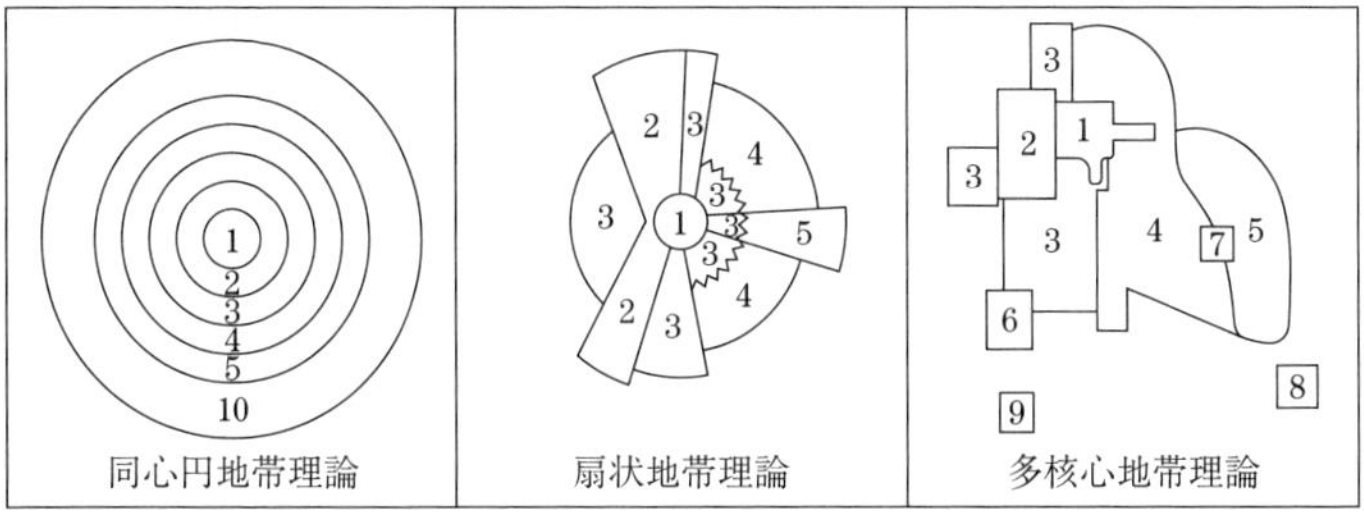

地区類型：1. 中央ビジネス地区　2. 卸売・軽工業地帯　3. 低級住宅地域　4. 中級住宅地域　5. 高級住宅地域　6. 重工業地域　7. 周辺ビジネス地区　8. 居住型郊外　9. 産業型郊外　10. 定期券通勤者地帯

図6－1　都市の内的構造の一般化（Broom and Selznic 1964: 445より引用）

いう「正確な地図[2]」によくあらわれており、まさに前述のソジャのいう「没空間の時間論的偏向」を上塗りしているようにみえる。

同時に、そうした空間認識のもとで、自ら街路の人となり、住民に語りかけることによって、つまり「生活世界との多様な〈対話〉と〈共感的一体化〉」によって人びとの惨苦、抑圧、欲求不満そしてさまざまな嬌態がうずまく下位文化の相《フェイズ》を描述する膨大なモノグラフがもたらされた。

それらを例示的にとりあげてみると、ネルス・アンダーソン『ホーボー』、フレデリック・スラッシャー『ギャング』、アーネスト・マウラー『家族解体』、ワース『ゲットー』、ハーヴェイ・ゾーボー『ゴールド・コーストとスラム』、クリフォード・ショー『ジャック・ローラー』、ポール・クレッシー『タクシー・ダンス・ホール』等が指摘できる。多分にエスノグラフィとしての性格を色濃く漂わせているそれらをひもとくと、空間の幾何学的拡大とそれに共振する継起的な時間の推移に裏打ちされた「正確な地図」〈の系譜〉とは異なって、生活世界を複数的に生き抜く人びとの相互作用がメルクマールとなるような時間と空間を前提としていること、そして「公的事象」（public affairs）、つまり、現実社会にたいして何らかのミッションを果たすような媒体《メディア》としてある「存在論的〈共謀〉関係」（吉原 1989: 58）が基調音となっていることがわかる。

2　「存在論的〈共謀〉関係」と空間論的転回への架橋

ここでいう「存在論的〈共謀〉関係」は、臨床社会学のレゾン・デートルを解き明かす際の鍵になる。奥田道大は、これを「フィールド作業を介して大学と都市、社会とが相互に感応しあう関係にあること、そして社会学上の新しい事実発見と解明が都市、社会、あるいは個別ケースの当事者に「コンサルテーション」の機能をもつこと」（奥田 1990: 234）としてとらえている。約言するなら、研究者と対象的世界、ならびに自己と他者とのコミュニケーション過程としてあるとみなしているのである。ここで少し寄り道をして、そこに含意されている存在論的テーゼの可能性についてひとこと言及しておこう。

考えてみれば、シカゴ・モノグラフ、とりわけエスノグラフィとしての色調を強くとどめていたものについては、その影の部分が強調されがちである。たとえば、筆者自身、かつて「都市に沈んでいった人びとのみずからの愚かな姿への自嘲を映し出すのに貢献した」（吉原 1996: 83）と述べ、シカゴ・モノグラフにひそむ存在論的捉え直しの契機を見逃していた。

しかしシカゴ・モノグラフは主観と客観という二分法に立脚する認識論優位の立論構成にたいする再帰的な問い直しの所産としてみることができる。マルティン・ハイデガーのひそみにならうと、そこには世界内存在としての対話の世界が見え隠れしている。この世界内存在としての対話に裏打ちされていたからこそ、たとえば、『欧米におけるポーランド農民』におけるトーマスらのヒューマン・ドキュメントの実相分析が、脱民族化しない移民の適応問題をサクセス・ストーリーの「表」と「裏」の両側から浮き彫りにすることができたのである(3)（Thomas & Znaniecki 1927=1983）。そしてそれが可能になったのは、それ自体、モダニティの両義性に符節を合わせていた、一方での継起的な時間の推移とそれに共振する幾何学的空間の拡大、他方での生活世界を複数的に生きぬく人びとの相互作用としての時間とそれに根ざす〈関係性〉としての空間に定礎していたことが大きい。

もっとも、シカゴ・モノグラフを導いたシカゴ的世界が「自己完結的な都市領域」という認識枠組みの下にあるがゆえに、社会的統合の性格を帯びざるを得ず、結果としてシカゴ・モノグラフの基層にあるはずの存在論的問い直しの意義が縮減することは避けられなかった。

しかしいずれにせよ、シカゴ・モノグラフは、モダニティの両義性に根ざす二つの時間、二つの空間の合奏＝交響がおりなすアガルマ（魅惑的なもの）であり続けている。

3　シカゴ・ルネサンスとの共振

もっとも、上述の「正確な地図」にしてもエスノグラフィックな叙述にしても、〈自然のなかの都市〉、換言するなら一つの自然史として都市社会を実証的に研究すべきであるというパークの方針を踏襲している。したがって両者が都市的現象の底に存在するものをまったく対蹠的な時間、空間感覚でとらえているとしても、それらを大都市の発展が不可避的にともなうものとしている点で多かれ少なかれ社会的統合の性格を帯びていたことは否定できない。とはいえ、それでシカゴ・モノグラフにおける「生の証」の実相分析、そしてそれを下支えした、みてきたような近代における二つの時間、二つの空間にたいする認識が潰えてしまうわけではない。実はこの認識は、シカゴ学派を特徴づける〈実践性《プラクティカリティ》〉への関与のありようを示すとともに、それ自体、両価的である都市発展、とりわけ都市に沈む疎外的人間像を描述するのに欠かせない理論的視点を提供するものであった。

ここで想起されるのは、世紀転換期から一九二〇年代にかけて、「衝撃都市」シカゴを拠点として立ちあらわれた「シカゴ・ルネサンス」と呼ばれる都市小説《アーバンノベルズ》ブームである。ブランチ・H・ゲルファントによると、この「シカゴ・ルネサンス」を先導した中心人物は、セオドア・ドライサーであり、シャーウッド・アンダーソンであった。彼らによって切り拓かれた都市小説では、地方出身の純情無垢な青年が都市において変貌を余儀なくされる様子が実に巧みに描き出されているが、その造形に際しては多かれ少なかれシカゴがモデルになっていた。

　そして最大のテーマとなったのは、「衝撃都市」シカゴの自生的な発展の過程でヒーローたちが富の魅力と挽歌に翻弄されるという点であった。まさにドライサーの『アメリカの悲劇』におけるクライドの「夢と現実」、『シスター・キャリー』におけるキャリーの「孤独」がそうであった。さらにまた、スコット・フィッツジェラルドの「悲しき若者たち」のにがい勝利と苦しい挫折の物語もそうであった[4]（Gelffant 1954=1977）。考えてみれば、ドライサーにしてもフィッツジェラルドにしても、無意識の裡に「参与観察者」であったのである。

　ここでシカゴ・モノグラフが「二つの時間」、「二つの空間」に足を下ろして示してみせたものに立ち返ってみると、ドライサーやアンダーソンのヒーローたちが囚われ奏でた富の魅力と挽歌に直接符合するわけではないが、そこを通底する都市の発展と崩壊にたいする予感や都市を呪う態度の背後要因を説明しているという点では、きわめて有益である。換言すると、シカゴ・モノグラフは「二つの時間」、「二つの空間」に定礎しているゆえ、「シカゴ・ルネサンス」にたいして素材提供の役割を果たすことになったといえる。

しかしそれにとどまらない。「シカゴ・ルネサンス」と共振するこの地平をさらに深く掘り下げていくと、都市が強いる「力」とそれをとらえかえす「自己証明《アイデンティティ》」をもとめる人びとのつながりを明示する空間論的転回の方向がいよいよみえてくる。もちろん、それは「自己完結的な都市領域」を前提とするドラマトゥルギーだけでは説きあかせないものである（補論1を参照）。

注

（1） 念のためにいうなら、両者は別個のものとしてあるのではない。前述した二つの時間、二つの空間がそうであるように、基本的には相互浸透しながら、シカゴ・モノグラフの二つの系を織りなしている。それは、A・ハンターによれば、言い換え（translation）の過程でもあるという。ハンターは、H・W・ゾーボーの『ゴールド・コーストとスラム』を読むなかで、「洗練された統計や抽象的な概念をローカル・コミュニティの人びとによって経験される日常生活のできごとに変換する」コミュニケーションの射程と奥行きの広がりに驚嘆している（Hunter 1983: 475）。

（2） ハーヴェイによると、この「正確な地図」はルネサンス期に確立したものであるという。それは感覚的なものを強調する中世の地図作成の伝統を打ち破って立ちあらわれたものであるとして、次のように述べている（Harvey 1990=2022: 396）。

地図は製作過程に伴う体験を示すいかなるものをも排除し、空間と宗教的信仰のあらゆる要素を取り除くことによって、空間における諸現象の事実に基づく秩序化のための、抽象的で完全に機能的なシステムになった。地図は、投影法に関する科学と地籍測量技術によって、数学的にみて正確な描写になった。地図によって土地の財産権、領土の境界、行政と社会統制の領域、通信の経路などが精度を上げながら定義されていった。

ともあれ、このようにして、地図は「鳥の目」による遠近法空間として表わされるようになった。ちなみに、以下に言及するドキュメント分析は、「虫の目」による非連続的な空間の物語を織りなしたのである。

（3） 同時にドキュメント分析の可能性を読み取ることができる。そこでは記述的である一方で分析的であり、無数の「ドラマとしての人生」をすくいだしている。そして事例のもつ個性の重さが伝わってくる。その際に鍵となるのは、事例から安易に全体を推し量らないこと、むしろ、一つのナラティヴからいくつものナラティヴが派生する可能性があることである。詳述はさておき、パタンにとらわれない多様性を認識することの重要性があらためて確認される。

（4） それは、シカゴ・モノグラファーたちがバージェスの同心円地帯仮説の基層にみていた、社会的濾過と落層化の過程が混じり合う都市的世界の残照を伝えるものでもあった。繰り返すまでもないが、それは既述した〈アメリカの約束〉とシカゴ・マインドに鼓吹されていた。

補論1

ディープジャカルタを訪ねて――カンポンに関する一覚書

＊前章で言及した一連のシカゴ・モノグラフ・シリーズが刊行されてから、ほぼ3四半世紀経っていただろうか。当時、筆者はインドネシア大学大学院で教鞭を執っていた。そんなある日、講義を早く切り上げて、受講生とともにディープジャカルタのカンポン（かつてのムラの世界と同じような生活様式がもち込まれている路地裏の世界）を訪ねた。何よりもシカゴ・モノグラフの世界が時を経てみてきたような「二つの時間」、「二つの空間」をどのように担保しているかを知りたかったのである。

カンポンは依然として「衝撃都市」の機制のなかにあって、遷移地帯の痕跡を深くとどめていた。私たちはバレ・バンジャール（コミュニティ集会所）に集まってきたカンポンのRT／RW（隣組／町内会）の住人たちに、シティ・ホールのプランナーが苦心惨憺して作成してくれた住宅地図をひろげた。そしてそれぞれの住戸の位置をたずねた。すると、一様に怪訝な顔をされた。やがて、一人の住人が地図を裏返して、自分の家はここにあり、その前の道を左側にまっすぐ進むとAの家があり、その裏庭（空き地）をはさんでBの家があるというふうに説明しながら、白紙の裏面に曲がりくねった道、大小さまざまな空き地とともに、それぞれの家を書き込んでいった。茫然自失とはまさにこのことをいうのであろう。カンポンの人びとは、自分たちのムラを空から見下ろして平面の上に置くということを知らなかったのである。かれら／かの女らにとって、空間はまさに身体に根ざす「生きられた空間」であるのだ。[1]

図補－1　カンポンと迫りくるコンドミニアム（筆者撮影、2004年2月）

しかしそれは、かつてシカゴ・モノグラファーたちが熱いまなざしを向けたものと同じものではなかった。私たちは、カンポンを幾重にも覆うようにして立ち並ぶ超高層建築物群《スカイスクレイパー》に驚きを隠せないでいた（図補－1参照）。そこではもはや、「生きられた空間」が分結や凝離を超えてカンポンのつながりを更新するようにはみえなかった。ワップとかミック、ポラックとかニガーなどと、お互いに罵りあった遷移地帯の物語が懐かしいとさえ思えた。しかしどっこい、遷移地帯の鼓動は、ジャカルタ首都圏肥大化＝ジャボタベック化とともにいまも続いている。そして「生きられた空間」はより駆動を速める「機械の時間／発展の時間」に馴れ合っている。

身体に根ざす「生きられた空間」、そしてそこにひそむ前章で言及した「存在論的〈共謀〉関係」の内実は今日において果たしてどういった形をとりうるのだろうか。私たちのディープジャカルタ行は、結局のところ、「二つの時間」、「二つの空間」の布置構成を確認できないままに終わってしまった。とはいえ、カンポンの醸し出す壮大なアンサンブルにゆれていた、人びとの日々の「生活の共同」に足を下ろす「生きられた空間」は、ジェントリフィケーションに符節を合わせたメガシティのアーバン・リストラクチャリング／リスケーリングが進むなかで、逼塞しかかっているようにみえる。その一方で、そうした動きに必ずしも共振しない時間がはぐくまれているようにもみえる。

ここで一言、フィールドの現場で出会ったプタガン・クリリン（行商人）のことを記しておきたい。かれら／かの女らは、おなじカンポン内に居を構え、もっぱらコンドミニアム居住者にたいして生活必需品を売り歩いているのだが、かつてのように路地裏空間を徘徊しているインフォーマル・セクターの担い手というよりも、むしろコンドミニアム居住者と隔たりながら共にいるコ・プレゼンスの世界を形成しているようにみえる。したがって、少なくとも調査時点では、「機械の時間／発展の時間」に馴化しながら「生きられた空間」に身を置いていたと思われる。(2)

いずれにせよ一方で同期化し、他方で非同期化する新たな時間と空間の布置構成は、結局のところ、さまざまな要素が躍動する社会構築のフェイズで明らかにするしかない。だからこそ、やってみないと何がでてくるかわからないエスノグラフィックな探索的調査のありようが問われるのである。この点は、後ほどシカゴ・モノグラフの読み直しがシカゴ学派の再考においてきわめて重要なモーメントをなすことを指摘するなかで再び触れる。(3)

注

(1) この点は、ミクロネシアのポンナップの人びとの空間認識を調査して得た民俗学者小松和彦の知見、すなわち空からの、外部からの視点で空間を認識していなかったという言述と見事に符合している(小松 1993)。

(2) カンポンにおけるプタガン・クリリンの存在形態については、ラファエラ・D・ドゥイアントのメンテンアタス地区を事例対象とするエスノグラフィが充実している(ドゥイアント 2005)。

(3) なお、シカゴ学派再考の近年の動向としては、宝月・中野(2013)らが注目される。ただし、そこでは書誌学的な関心が中心的な論点になっている。

第Ⅲ部

もうひとつの都市社会学の領野／基層

――空間論的転回、移動論的転回、そしてモビリティーズ・スタディーズ

第7章

起点としての空間論的ルネサンス

1　社会理論におけるパラダイムチェンジ

「まえがき」で言及したように、本書の主題はひとことで言うと、この間台頭著しいモビリティーズ・スタディーズの主潮の裡にひそむモダニティ（モダンの知）再審の内実を踏まえながら、世紀転換期における「衝撃都市」からはじまって今日のトランジション・シティに至る転態の位相を明らかにしうるような、社会理論におけるパラダイムチェンジをこころみることにある。そこでの中心的テーマは「時間と空間」の両義性に関する論題設定であった。みてきたように、第Ⅰ部では、シカゴ学派の理論的特性とともに、それが内包する「時間と空間」認識に座を据えたが、そこにはシカゴ学派のモダニティ認識がソジャのいう「没空間の時間論的偏向」という形でくっきりと影を落としていた。第Ⅱ部では、シカゴ学派を向こうに置く一連の批判理論、とりわけ新都市社会学《ニュー・アーバン・ソシオロジー》の傑出した立場（都市イデオロギー論）が検証される一方で、シカゴ学派から出自したシカゴ・モノグラフが上述の「没空間の時間論的偏向」という批判に回収されない、あるいはとらえかえす「二つの時間、二つの空間」という認識を内包していたことをあきらかにした。

したがって、モダンの「時間と空間」の両義性認識を主旋律とし、明確に空間論の世界に足を下ろす立場からすれば、第Ⅰ部は（否定的な形で）序奏をなし、第Ⅱ部は（むしろ、反転する形で）間奏をなしているということになる。そのため第Ⅰ部も第Ⅱ部も、社会理論レベルでいうとパラダイムチェンジにはいたっていない。

ちなみに、パラダイムチェンジとはわかりやすくいうと、見方を変えることである。つまり「転回」のことである。(1) ここで取り上げる「空間論的転回」とそれに続く「移動論的転回」はまさにそうしたものとしてある。しかもそれは複数のディシプリンにまたがって、モダニティの再審と深く関連して立ちあらわれている。ここではモビリティーズ・スタディーズの淵源をさかのぼり、グローバリゼーション・スタディーズの理論的航跡を追いながら、「空間論的転回」と「移動論的転回」の内実にせまることにする。いずれにせよ、ここでいうパラダイムチェンジは、社会科学が総体として取り組んできた、モダニティが内包してきた古くて新しい課題／テーマ、すなわち物的な空間における「運動」（movement）にとどま

らない移動に深く結びついている。そして何よりも「チェンジ」たる所以は、中心に向かう全体知を脱構築する点にある。(2)

2　空間論的ルネサンスから

さて「空間論的転回」、そして「移動論的転回」の位相をさぐるまえに、その水脈をなした「空間論的ルネサンス」について言及しておこう。

社会理論領域において空間論的ルネサンスという状況が立ちあらわれたのは、一九七〇年前後のことである。その端緒となったのは、一九七〇年代に出現した人文主義地理学であった。それは一九五〇年代から六〇年代において地理学界を席捲した実証主義的地理学＝「空間科学としての地理学」にたいするアンチテーゼとして台頭したものである。

その口火を切ったのが、一九六〇年代後半、アメリカ社会の矛盾を前にして沸き起こったラディカル科学運動から派生した批判地理学であった。それは激化する都市危機（**urban crisis**）や階層間格差にたいして従来の地理学があまりにも無力であることへの自己反省から立ちあらわれた。そして新古典派的な理論モデルの「価値中立性」と精緻化をかかげ、結果的に現状維持の立場を固執する「空間科学としての地理学」を向こうにして、自らの方法論的枠組みを再審するとともに、社会に向き合う実践的立場を明確にした。それが一九七〇年代に入って立ちあらわれた人文主義地理学＝「新しい地理学」の礎となった。

その理論的旗手となったのが、D・ハーヴェイであった。ハーヴェイはもともと計量地理学の牽引者としての来歴を有していたが、一九七三年刊行の『社会的正義と都市』（Harvey 1973=1980）によって、それまでの立場をかなぐり捨てて、計量地理学批判に転じた。そして（計量地理学の）現状維持的な立場を徹頭徹尾批判する人文主義地理学に与《くみ》することになったのである。

この人文主義地理学の台頭によって、長い間、等閑視されてきた人間にとって場所のもつ意味が探求されるようになった。そしてその動きが、H・ルフェーヴルの『空間の生産』英語版の刊行（Lefebvre 1992a）を一つの促迫要因として、ギデンズ、ハーヴェイ、ソジャ、カステルなどのいわゆる批判派と称される社会学者や地理学者を巻き込みながら空間論的ルネサンスへと発展していった(3)。「空間論的転回」はこの「空間論的ルネサンス」の只中から立ちあらわれたが、それは後にカルチュラル・スタディーズへと発展していった「文化論的転回」（cultural turn）と響き合っていた。そして文化論的転回の初発の契機となったモダニティの再審、とりわけ近代の知を枠づけてきた「空間／場所と時間」をとらえ返すことが共通の出発点になっていた。まさに、社会理論の根幹をなし、中心的な問題構制にかかわるものとして出自したのである。

こうしてみると、「空間論的ルネサンス」は、その後の批判地理学や新都市社会学の展開のための磁場を形成するとともに、「空間論的転回」、そして「移動論的転回」という一種の思想状況へと誘う運動[4]としてあったといえる。そして「空間論的ルネサンス」を主導したハーヴェイについていうと、批判地理学、「空間論的転回」、そして「移動論的転回」においてイニシエーターになるとともにメンターになった。この点については、『ポストモダニティの条件』をはじめとする彼の一連の著作において検証することができるが、その点については、第11章第4節でアーリとともに言及する。

そこで、まずは「空間論的ルネサンス」から「空間論的転回」、「移動論的転回」への道筋において、その起点となり、さらに一旦後景にしりぞいたものの、モビリティーズ・スタディーズへの架橋の役割を果たすことになったいわゆる「言語論的転回」の位相をさぐることからはじめよう。

3　媒介環としての言語論的転回

前々節で社会理論におけるパラダイムチェンジについて言及したが、モビリティーズ・スタディーズにいたる数次のパラダイムチェンジの先駆をなしただけでなく、いわば媒介環として一貫してチェンジの基層を織りなしてきたのは、まぎれもなく「言語論的転回」である。石黒ひでによると、「言語論的転回」は、リチャード・ローティなどによって用いられたlinguistic turn の訳語であるが、それは誤解を招きやすいという（石黒 1993: 88-9）。

"linguistic"という形容詞は言語論に関するという意味でなく、むしろ言葉自身への関心という意味で用いられている。哲学の問題を考えるに当って、言葉に注目するということである。……成熟期のヴィトゲンシュタインは、言葉の使用に注目することによって伝統的な哲学的思い込みから逃れ、問題に新しい光を当てられると考えた。

石黒にしたがうと、linguistic turn は、「言語への反省に基づく哲学」と呼ぶ領域のものである。そしてその特徴は、ゴットロープ・フレーゲが「語の意味は命題という脈絡において問われなければならず、語を孤立させてはならない」（Flege 1884=2001: 43）とする文脈原理において見いだすことができるという（石黒 1993: 98）。つまり linguistic turn は言葉が意味をもつ特定の文脈を理解することが前提となる。そうしなければ、「一人称的知識の孤立と優先」、換言するなら「主観的な表象」になってしまう。linguistic turn はそのことを危惧した「言語への反省に基づく哲学」であったのである。

ここでは「言語論的転回」という訳語の適否をこれ以上論じるつもりはないが、「言語論的転回」といわれるものが、そもそも「哲学を専門学者の註釈から、言葉による論議に引戻す試み」（石黒 1993: 115）であったことを確認しておきたい。つまり、「言語論的転回」はひとことで言うと、独善的で主観的であった哲学から客観的な言葉の問題（意味の分析）をさぐる哲学への「チェンジ」であった。だからこそ、それはしばしば記号論理学や数学のモデル理論を援用して「意味」、「指示」、そして言語行為について詳論する分析哲学と等置もしくは同定されてきたのである[5]。

ここでは、そのことを踏まえたうえで、「言語論的転回」が「話す主体」という言語学的に基礎づけられたカテゴリーを通じて構成されるものから離脱し、特権的な主体を前提としない見方の表出をうながすきっかけとなったことを指摘したい。そのことによって、「主観的な表象」次元から立ちあらわれるものよりもむしろ、多重的なアイデンティティに根ざす対他的な関係の中から立ちあらわれるものに視座を据えることが可能になった。そしてそのことが結果的に媒介環として「空間論的転回」から「移動論的転回」へとつなぎ、モビリティーズ・スタディーズに継承される多様に存在する行為（主体）の連関性を取り出す視座、つまり、脱主体的なものへの受容／取り込みにつながっていく。しかし後述するように、

「言語論的転回」がそのような形で「空間論的転回」から「移動論的転回」への道筋において明示的に立ちあらわれるのはずっと後のことであった。

注

（1）だから、ここでいうパラダイムチェンジは文字通りパラダイムシフトである。つまり、単なるAからBへの転換ではなく、理論基軸の位置取りの変更をともなった、再帰的でラディカルな改編《リオーガニゼーション》である。

（2）この点は、イリヤ・プリゴジンの散逸構造、非線形性の提唱に準拠するウォーラーステインの脱＝社会科学の立場を継承している。

（3）もっとも、「空間論的ルネサンス」の背後要因をなすものとしては、モビリティーズが内包する社会的諸関係に照準したさまざまな空間認識の噴出が考えられる。たとえば、「速度術」（ポール・ヴィリリオ）、「天使」（ミシェル・セール）、「液状化するモダニティ」（ジグムント・バウマン）、「移動空間」（ナイジェル・スリフト）、「平滑空間」（ジル・ドゥルーズ&フェリックス・ガタリ）などがあげられるが、これらは、「空間論的ルネサンス」以降の「空間論的転回」からモビリティーズ・スタディーズに至る全道筋において影響源をなしている。

（4）新都市社会学についてはすでに言及しているので、これ以上述べない。ここでは「批判地理学」についてひとこと述べておく。水岡不二雄によれば、「批判地理学」はもともと伝統的地理学（ここでいう「空間科学としての地理学」）にたいして「社会科学としての地理学」を唱道して立ちあらわれたものであるが、経済学的、社会学的知見に裏打ちされていなかったゆえに、伝統的地理学への「寄生的共存」という状況に陥った。このパラドクス状況から脱しえたのは、社会諸科学が内に閉じられたディシプリンの壁を打ち破って、空間論というあらたなフロンティアに理論展開の方向をもとめたためであり、それが事実上、批判地理学の嚆矢となったという（水岡 1994）。そうした点では、新都市社会学と批判地理学とは相互に「内包」と「外延」の関係にあったのであり、「思想上の運動」というにふさわしいといえる。

（5） 石黒によると、「言語論的転回」を分析哲学に帰着させるのは間違いではないとしても問題含みである、という（石黒 1993）。たしかに、前者は基本的には社会理論上の事象（運動）であるのにたいして、後者は言語分析を通して哲学にかかわる問題構制をあきらかにしようとするものであり、この違いを等閑視して両者を等置させるのは拙速にすぎると考えられる。

第8章
空間論的転回から移動論的転回へ(1)——空間/場所と時間の再審

1　空間論的転回の理路

そこで次に第7章第2節に立ち戻って、「空間論的ルネサンス」をはじまりとする「空間論的転回」から「移動論的転回」への道筋をたどることにする。

既述したように、「空間論的転回」は「空間論的ルネサンス」の真っ只中から立ちあらわれたものであり、モダニティあるいはモダンの知を枠づけてきた「空間/場所と時間」のありようを根底から問うことを起点としていた。考えてみれば、モダニティあるいはモダンの知においては「社会的なもの」は長い間、空間を「死んだもの、固定されたもの、不動のもの」(M・フーコー)とみなす認識枠組みのうえに置かれてきた。換言するなら、時間を「単線的で同質的で連続的」なものとみなす線形的思考によって貫かれた均質な空間認識とそれにもとづく視覚優位体制の下にあったのである。こうした「社会的なもの」のとらえ方では、空間は「領域」もしくは「領域的なもの」として、また場所は「領域の空間」を基軸にして、いわばア・モバイルなもの、つまり、動かないものとして位置づけられるのが常態であった。

こうした位置づけは、モダンの知の祖であるといわれるルネ・デカルトの空間／場所認識に原拠するものであるが、いつの間にかクロック・タイム、すなわち産業主義的生産様式の登場とともに立ちあらわれた「単線的で同質的で連続的な時間」を至上のものとし、空間の広がりを等閑視する、「没空間の時間論的偏向」（ソジャ）が、「社会的なもの」の定式化において定着してしまった。さらにこうした事態の進展は、モダンの知の分化をうながし、専門知を領域に閉じられた知へと移行させるとともに、その中核に強固な線形的思考を据えることになった。だからこそ、「空間論的転回」は何よりもまず指摘されるような「没空間の時間論的偏向」に異議をとなえ、空間／場所をとらえ直すとともに「社会的なもの」の再審を中心的な論題に据えたのである。ちなみに、上野俊哉は「空間論的転回」の裡にディシプリンの拘束と営みを解きほぐすような学問のあり方を観ようとしている[1]（上野 1999）。

そうした「空間論的転回」がより深化するのは、一九九〇年代から二〇〇〇年代にかけてであり、モダニティの両義性に座を据えた「空間／場所と時間」の再審から、グローバル化の進展にともなう、社会の脱領域化／脱場所化の動きへと視点変更することになった。そして国民国家のゆらぎとともに、「一つのまとまりのあるもの」、すなわち「境界のあるもの」、「仕切りのあるもの」が問い直され、空間／場所を分かつとされてきた「境界」＝「あいだ」のありように関心が集まるようになった。

それは空間をすでにあるものとする「空間フェティシズム」およびそれと一体としてある線形的理論から離床し、「断片的で混沌とした変化のさまざまな流れ」（Harvey 1990=2022: 93）のなかにある「関係性にもとづく空間」（＝「生きられた空間」）、「拡がりのある時間」（＝「循環する時間」）に目を向けるものであった。そこでは、「表象の危機」に根ざす「文化論的転回」を継受するとともに、ルフェーヴルの身体論的空間が基調音となり、同時に複雑性をめぐる思考を宿すようになった。これらについて詳しくは後述することにして、次節ではとりあえず「空間論的転回」がもたらした「空間／場所と時間」の位相転換・意味変容の地層をさぐってみよう。

2 「空間／場所と時間」の位相転換・意味変容

前節では、「没空間の時間論的偏向」に異議をとなえることからはじまった「空間論的転回」が、結果として普遍的で、絶対的とされてきたクロック・タイムと遠近法的な「領域の空間」に代わって、質的で社会的と称される「広がりのある時間」と「関係性にもとづく空間」を社会の前景に持ち出したことを指摘した。ここであらためて注目したいのは、その背後にある時代状況である。つまり、近代資本主義の生産様式のプロジェクトがグローバルに拡大して社会に広く浸透していたクロック・タイムのリズムが崩れ、それとともに、社会の流動性、異質性（ハイブリディティ）、複雑性が高まったことで、従来のような「領域」もしくは「領域的なもの」を前提とするような解釈では「社会的なもの」を示すことがますますむずかしくなったのである。こうした状況下で、従来人びとが日常生活において担保していたつながりや結びつきが、そのままでは成り立ちえなくなっている。いずれにせよ、「空間論的転回」、さらにその概念体系にくっきりと位置づけられている「時間と空間の圧縮」（Harvey 1989=2022）というハーヴェイの言説や「時間と空間の差異化」（Giddens 1979）というギデンズの言説[2]は、こうした時代的状況を背後要因として進んだ「空間／場所と時間」の位相転換／意味変容という文脈において押さえる必要がある。

それとともに「空間論的転回」とともにみえてきた「広がりのある時間」と「関係性にもとづく空間」がそもそもクロック・タイムと「領域の空間」と表裏をなしていることを視野に入れると、「空間論的転回」は実はモダニティの機制／文法を掘り崩す一方で、それを再構成しているという点にも留意しておきたい。

詳述はさておき、そこからかつての領域が（それが）埋め込まれていた状況から脱して「外」に広がること、すなわち「脱埋め込み」[3]（dis-embedding）の進展に着目する議論が立ちあらわれている。そうした議論に寄り添うと、「領域」の意味がたえず移動する「境界」へと変容するなかで、「境界の不思議さ」（中村雄二郎）が表出し、個人の「布置どり」がむずかしくなる。そのため、空間が「領域的なもの」から離れて「関係的なもの」として位置づけられる議論が優勢になる。またそれとパラレルに、場所もしくは場所性のリアリティを、「関係性にもとづく空間」がそこから派生する「生きられた共同性」[4]に抱合された状態からみようとする立場が出てくる。例えば、空間の差異化、重層性の裡に人間の意思や行為の力をさぐりだし、それが「場所の力」になっているとするドロレス・ハイデンの議論はまさにそうしたものとしてある（Hayden 1995=2002）。

注

（1）上野は「空間論的転回」が思考そのものの認識枠組みを彫琢しようとしている点で、ひとつの思想潮流であるとみている。その一方で、そのこと自体、図式化の弊に陥る危険性がある、と指摘している。そしてそうであればこそ、その嚆矢を切り拓いたとされるソジャやハーヴェイの議論を再審するとともに、日常生活批判から論を展開したルフェーヴルの「社会的空間論」の実践性に思いをいたすべきであると述べている（上野 1999）。なお、ルフェーヴルの「社会的空間論」については、次章の第2節を参照のこと。

（2）ちなみに、「時間と空間の圧縮」とは「従来の空間的障壁を克服しながら、生活のペースを加速化することによって……存在するのは現在ばかりという点にまで時間的地平が縮められる」（Harvey 1990=2022: 383）ことを、また「時間と空間の差異化」とは「「時間と空間」を越えた社会システムの「伸張」」（Giddens 1984=2015: 218）、つまり、社会が時間と空間のより短いスパン、あるいはより長いスパンへと伸張されることを意味している。この二つの言説は、モダニティが時間と空間の「均質化」装置のみならず「差異化」装置でもあることに加えて、人びとの社会活動が「時間と空間」を共有しない相互作用にますます依存するようになっていること、さらにエットーレ・レッキらが指摘しているように「空間が戦略的に権力構造を編成し再編成する役割を果たしていること」（Recchi & Flipo 2019: 129）をあきらかにしている。

（3）もともとはアンソニー・ギデンズの用語である（Giddens 1990=1993）。ここでは「領域」が（それが）埋め込まれていた状況から脱して「外」にひろがることを意味しているが、より正確にいうと、「脱埋め込み」から「再埋め込み」（re-embedding）までを射程に入れている。それは犬塚元によると、「単なる脱領域化・脱場所化ではなく……新しいかたちの再領域化・再場所化」を含み込んでいる、という（犬塚 2017）。

（4）管見のかぎり、イリイチのコンヴィヴィアリティに関する議論においてその端緒的な認識が示されているが（Illich 1973=2015）、ここでは「すぐれて人間の「生」の営みにおけるもの」ととらえる。それは「「住まうこと」に根ざして、共同生活においてあらわれる共通の課題を地位とか身分などに関係なく共同で処理するところから派生し、自然のリズムやヴァナキュラーなものに必ずしも還元されないもの」（吉原 2000: 246）である。

第9章
空間論的転回から移動論的転回へ(2)――ルフェーヴルとジンメル

1　複雑性への転回

ここまで、「空間論的転回」をモダニティ＝モダンの知において生じているパラダイムチェンジの一環としてとらえ、その基本的性格をみてきた。二〇〇〇年代に突入すると、グローバル化がより多次元的なものであるという認識が深まり、社会の脱領域化／脱場所化に加えて再領域化／再場所化が取り沙汰されるようになる。するとそれをうけて「空間論的転回」が「移動論的転回」として深まりをみせるようになった。

「空間論的転回」自体、前章で言及したようにグローバリゼーション・スタディーズからの「分岐」を示す一方で、「移動論的転回」では、グローバルなフローへの透徹した考察とともに、非線形的理論へのいっそうの傾斜と複雑性をめぐる思考がより鮮明になった。そうした点で、「移動論的転回」はまぎれもなく「空間論的転回」をバージョンアップしたものであった。そして「社会的なもの」の再審にもとづく社会科学の問い直しを、複雑性をめぐる思考とそれに共振する非線形的理論に寄り添っておこなっている。「移動論的転回」を主導してきたアーリによると、空間論的転回における社会的なものの再審に基づく社会科学の問い直しの内容は「複雑性への転回」（complexity turn）によって概ね示すことができる、という。アーリはそれを以下の七点で説明している（Urry 2007=2015: 46-47）。

［1］状況によって変わる秩序形成の内実、［2］階層的な組織化形態からネットワーク型の組織化形態への転換がもたらす意味、［3］ネットワークのきわめて不安定な自己再生産の性質、［4］ミクロな現象がグローバルな次元で「個の総和」以上のものとして立ちあらわれる状況、［5］社会諸関係とモノからなるシステムが複数のものが組み合わさった状態で存在すること、［6］予測不可能でまったくコントロールできない、予期せぬ不均衡をともなうモノとコトの生産のありよう、そして［7］以上とともに立ちあらわれる人間関係、家庭、社会におけるさまざまな「非線形的変化」とそれらの「あいだ」で生じる「分岐点／転換点（tipping point）」の性質。

アーリがいうように、この「複雑性への転回」によって「ア・モバイルの社会科学」から「モバイルの社会科学」への〈飛びこえ〉が可能になった。その際、先に言及した「境界」＝「あいだ」が、あらためてきわめて重要な含意を担って立ちあらわれている。それは一つには、「境界」＝「あいだ」が内包する「転換」の性格、そしていま一つには、それとともに立ちあらわれる空間的な広がりと関連している。

順にみていこう。まず前者についていうと、ここでいう「転換」は、基本的にはグローバル化の変容にともなうものであるが、それはあるフェイズから別のフェイズへの「通過点」というよりは、二つのフェイズが相互浸透するところであらわれている。つまり、単に発展という文脈でとらえきれないもの、またときとしてそれとは正反対のようにみえるものと響き合っている。まさに上記の「分岐点／転換点」をあらわしているといっていい。そこでは多様で、ばらばらで、不確実なものが、けっして完了したものではない形で寄り集まることで、全体の織地が決まる。だからこそ、アーリをはじめとして移動論的転回を主導してきた論者たちは、諸形態・諸現象を過度にふくらませて示すよりもむしろ、それが内包する社会的諸関係のありようにこだわってきたのである。

もちろん、その社会的諸関係じたい、きわめてアモルフ（不定形）なものであり、容易に指標とか係数などで数値化することはできない。平たくいうと、ここでは人と人が交わる根源のところで立ちあらわれる複合的で、多重的な関連態／関係様式に目が向けられ、その傑出した形として「創発」の機制が取り上げられることになる。

ところで、ここまで述べてきたところであらためて注目されるのは、ルフェーヴルの身体的空間論であり、ジンメルの都市認識（社会化論）である。それらは「空間論的転回」の理論的基盤をなすとともに、それに続く「移動論的転回」の底流をなし、さらに以下の章で言及することになるモビリティーズ・スタディーズへの架橋の役割を果たしている。

したがって、モビリティーズ・スタディーズに視点を向ける前に、とりあえずルフェーヴルの身体的空間論およびジンメルの都市認識について簡単に概観しておこう[1]。

2　よみがえるルフェーヴル

まるまる二〇世紀を生き抜いたルフェーヴルの生涯は、毀誉褒貶に塗れている。あるときはシュルレアリスト、あるときは実存主義者、そしてあるときは唯物論者（物象化論者）。だからその揺れの大きさをとらえて懐疑的《スケプティカル》に取り扱う論調が、特に正統派マルクス主義のサイドから途切れることはなかった。しかし実際には日常生活批判、都市革命論、身体的空間論、リズム分析を貫く一貫した理論的モチーフが存在していた。

ルフェーヴルの身体的空間論は、日常生活批判、都市革命論の衣鉢を継ぎ、リズム分析へと継承されていった。まず前者について略述すると、『神秘化——日常生活批判のためのノート』を嚆矢として、『日常生活批判　序論』、『日常生活批判II——日常性の社会学の基礎』、『現代世界における日常生活』を経て『日常生活批判』第三巻にいたる一連の著作において(Lefebvre 1933; 1947=1968; 1961=1970; 1968a=1970; 1981)、人びとの日常生活のありようが近代との関連で詳細に検討され、その結果、日常生活に内在する矛盾＝物神性が交換価値(商品)の席捲によって深まり、住民の「住まう」(habiter)という能力、すなわち生きる力や社会を創る能力が衰微し、都市の衰退を招いたとされた。

ルフェーヴルによれば、こうした「住まう」能力の退潮がもたらした都市衰退は都市行政、一連の専門知によって装備された「空間の科学」、そして資本の運動との「協働」による政治的介入と符節を合わせるものであり、それゆえ使用価値＝「作品としての都市」を取り戻すためには何よりもそうした政治的介入への対抗＝ヘゲモニー闘争が重要になってくる。『現代への序説』から始まって、『パリ・コミューン』、『都市への権利』、『都市革命』そして『空間と政治』では、それが最大のテーマ(論点)になっている(Lefebvre 1962=1972-73; 1965=1967-68; 1968b=1969; 1970=1974; 1973=1975)。

ここで注目されるのは、以上の日常生活批判、都市革命論の議論において、いわば「生まれ、死に、苦しみ、行動する諸主体の行為を組み込んでいる」（Lefebvre 1974=2000: 76）身体的空間へのまなざしが原初的に担保され、それが『空間の生産』において「住まう」能力を賦活し「作品としての都市」を取り戻すために不可欠とされていることである。先に一瞥したように、ルフェーヴルは空間論的転回から移動論的転回の道筋において、ハーヴェイとともにイニシエーターであり卓抜したインフルエンサーであったが、それもこの身体的空間論に拠るところが大きい。それでは『空間の生産』において、具体的にどのような議論がなされているのであろうか。

『空間の生産』では、空間に関する「批判的な分析」はいうにおよばず、さらにそこから「統一理論」を打ち立てることが強調されている。ルフェーヴルによれば、その「統一理論」は「空間的実践」、「空間の表象」、「表象の空間」の三つの概念・次元からなる。まず「空間的実践」の概念・次元では、物的なインフラストラクチャーの生産と領域的な組織化からなる物質的空間のありようが問われる。それは一次的経験にもとづく「知覚空間」のことであるが、言葉やグラフや地図、さらに数式によって理解される「概念空間」をもたらす。それが「空間の表象」という概念・次元にあたる。しかし「知覚空間」と表象されたものに必ずしも符合するわけではない。そこで「知覚空間」から「概念空間」への移行過程において、両者を媒介しつなぐ「表象の空間」というようなものが立ちあらわれる。そしてこの

「表象の空間」という概念・次元において、人びとの身体を介して知覚された物質的空間を集合的に利用することによって、「概念空間」に新しい意味や可能性が付与される。この「表象の空間」はわかりやすく言うと、人びとが日々向き合う空間を媒体として身体的、感覚的あるいは情緒的に生き抜くことを示唆《コノテーション》している。したがって、「表象の空間」は「生きられた空間」と呼ばれる。この「表象の空間」という次元・概念において、人びとの身体を通して知覚された物質的空間の集合的な利用が可能になり、「概念空間」に新しい意味や可能性が加わる（表９－１を参照）。

　こうしてみると、空間の社会的生産はまさに「生きられる身体の三重性」（Lefebvre 1974=2000: 85）にもとづくものであり、それに基軸に据える身体的空間論はかつての物象化論の延長線上にありながらも、それを超える理論地平にあるといえる。要するに、空間は物的なものでも心的なものでもなく、社会的に生産され実践される「社会的空間」である。空間とはもともと生産関係の再生産の領域で立ちあらわれる社会的生産物なのである。そして「社会的空間」で生産され実践されるのは、経済的な領域に限定された生産諸力にとどまらない。それは人びとの空間認識、身体、映像、記号、言説、象徴などの領域まで含んでいる。つまり、経済から、政治、国家、さらに人びとの日常的生活の実践にまで及ぶとされる。

　こうした「空間の生産」＝空間の社会的生産は、晩年のリズム分析（Lefebvre 1992b）に引

表9－1　『空間の生産』における空間の三層構造

物質的空間（経験された空間）	有用な商品、具体的労働過程、紙幣と硬貨（ローカルな貨幣？）、私有財産／国家の境界、固定資本、工場、建造物、消費の空間、ピケ、占拠空間（座り込み）、バスティーユや冬宮の襲撃	市場交換、交易、商品の流通と流れ、エネルギー、労働力、貨幣、債権あるいは資本、通勤と移住、価値下落と地位低下、情報の流れと外部からの刺激	抽象的な労働過程、擬制資本、抵抗運動、政治運動の突然の出現と衝動的表出（反戦、68年、シアトル……）、「革命的精神がうごめいている……」
空間の表象（概念化された空間）	**使用価値と具体的労働** 労働過程の搾取（マルクス）vs創造的遊びとしての仕事（フーリエ）、私有財産と階級疎外の地図、不均衡な地理的発展というモザイク	**交換価値** **（動いている価値）** 蓄積過程、商品連鎖、移民とディアスポラのモデル、インプット・アウトプットモデル、時空間的「定置」の理論、時間による空間の消滅、建造環境における資本の流通、世界市場の形成、ネットワーク、地政学的関係と革命的戦略	**貨幣価値** 社会的に必要な労働時間としての価値、世界市場との関係における凝固した人間労働としての価値、移動する価値の法則と貨幣の社会的力（グローバリゼーション）、革命的な希望と恐怖、変革のための戦略
表象の空間（生きられた空間）	疎外vs創造的満足、孤立した個人主義vs社会的連帯、場所、階級、アイデンティティへの忠誠、相対的貧困、不正義、尊厳の欠如、怒りvs充足	貨幣と商品のフェティッシュ（永久に満たされない欲望）、時空間縮減による心配／興奮、不確実、不安、行動と運動の激しさvs休息、「すべて確固たるものは大気のなかに溶けさる……」	**価値** 資本主義のヘゲモニー（「別の選択肢はない」）、プロレタリアート意識、国際的連帯、普遍的権利、ユートピア的夢、マルチチュード、他者への共感、「もうひとつの世界は可能だ」

（Harvey 2005=2007: 181をもとに作成）

き継がれていく。そこでは、五感の連続した成層が社会空間の成層と相互に関連するものとして立ちあらわれ、受動的身体（感覚）と能動的身体（労働）の空間における一体化をうながしているとされ、こうした身体における五感のはたらきをリズムとしてとらえている。リズム分析はアーバン・デザインに関する未完の論集であるが、アーバン・スタディーズの中核概念になる「創発」の契機を確かにさぐりあてている。さらに言葉では表現しにくいモビリティーズの解明にとって欠かせないものとなっている。いずれにせよ、みてきた『空間の生産』の基調をひきついでいることは間違いない(2)。

3　よみがえるジンメル

それでは双璧をなすジンメルはどうだろうか。しばしば指摘されるように、彼の社会学を貫く畢生の課題は、モダンの分裂と多様性の相を、基本的には社会組織の空間からの分離の次元において観察することにあった。そして場所の視覚的領有が社会的相互作用を介して深く浸透していることに深い関心を抱いた。フリスビィらはこうした課題を敷衍するなかで、ジンメルが大都市の生活において、社会活動が時間基準で安定した非人格的な時間表へと統合されていることに気づいていたという（Frisby & Featherstone eds. 1997）。

いずれにせよ、ジンメルの社会学には社会の画一的・均質化と多様化・差異化のせめぎあいのなかで「どのように自己を保存するか」というモダニズム認識が横溢しており、それが論文「大都市と精神生活」にもクリアに示されている。ジンメルはそこで、都市においてこそ個々人の解放が比類なき自己の個性的表現になるゆえ、空間的に疎隔している人びとを緊密に結びつける心的な機制と自由を与えているとしている（Simmel 1957=1976）。しかしその一方でそのような自由が近代人（都会人）に両価的側面、すなわち自己の生存の自律性と特性とを保持しようとすればするほど、自我の全体性と自己確証の感覚を保持できなくなることに注目している。

こうして都市認識のキー概念として「悟性」と「自己保存」という概念が打ち出された。そしてそれが本書の第Ⅰ部および第Ⅱ部で指摘したように、黎明期の都市社会学、いわゆるシカゴ学派の都市認識の基底をなすことになった。しかし、そこで援用された社会化認識はジンメル理解の浅さ、つまり受容の限界を露呈するものでもあった。それは形式から内容を分離する社会的相互作用をきわめて平板かつ即物的《ザッハリッヒ》に理解する社会化認識にもとづいていたのである。

しかしモビリティーズ・スタディーズの台頭とともに、こうしたジンメルの都市認識が移動論的転回の基層をなす「複雑性」思考／非線形的理論の水脈をなすだけでなく、後述する

「創発」（「アサンブラージュ」「アフォーダンス」「アーティキュレーション」）の原認識となっているとして注目されつつある。実際、近年では、都市が諸個人を「収容し」「配置する」装置としてではなく、むしろ諸個人を「つなぎ」「媒介する」メディアとして取り上げられることが多くなっているが、こうした見方自体、シカゴ学派によって軽視もしくは看過されたジンメルに特有の社会化認識[3]、そしてそこに投錨している「複雑性」思考／非線形的理論にもとづいているとする指摘が散見されるようになっている。

　しかもそうした指摘はさらに、ジンメルの社会化認識が人びとが具体的に交わる場面において見えなくなっているモビリティーズのかたちを可視化する役割を果たしているという議論へと発展している。そこには上述のルフェーヴルの「身体的空間論」＝「社会的空間論」と共振する理論的地平が開かれている。この場合、個人的自由をめぐる「統合と分化」のプロセスからはじまって、多様な自我の離接的な共振・共進のプロセスに至る過程を再度どう理解するかが鍵となるが、それは「空間論的転回」から「移動論的転回」、そしてモビリティーズ・スタディーズにいたる道筋を貫くテーマを構成している。

　同時に、こうしたテーマが「大都市と精神生活」にとどまらず、ジンメル社会学の全体系を通底するものであることを確認しておく必要がある。なぜなら、そのことがモビリティーズ・スタディーズの核心の部分である、アーリのいう「社会学的方法の新しい基準[4]」作成のための橋頭堡になるとともに、社会学からモビリティーズ・スタディーズに参入する際のひとつの可能な理路を示すことになるからだ。ちなみに、オーレ・ジェンセンはジンメルについて、モビリティーズ・パラダイムの展開を最初に試み、近代都市における近接性、距離、動きに関する分析をおこなった人物である、と述べている（Jensen 2006: 146）。

注

（1）なお、詳細は吉原（2018. 特に第6～7章）および同（2022. 特に第5～6章）を参照のこと。

（2）ちなみに、ここで指摘しておきたいのは、先の「空間論的転回」の箇所で言及したハーヴェイやソジャなどの空間認識、つまり、「領域」とか「領域的なもの」などに回収されない「空間性」（spatiality）や「社交性」（sociability）を基軸に据える議論が『空間の生産』と関連して、あるいはそれと伴走するような形で再審されるようになっていること、またブルデューのいう「界《シャン》」、つまり、特定の資源へのアクセスをめぐって行為者間や機関どうしで生じる競争的な相互作用の状態《アリーナ》に関する議論（Bourdieu 1980=1991）と一部シンクロナイズしていることである。「空間論的転回」に関連していうなら、たしかにハーヴェイおよびソジャの議論とブルデューの議論とは距離があるが、共通にルフェーヴルの「社会的空間」が視界に入っているという点では相同的である。

（3）なお、アーリは「事物は互いとの関係のなかで自らの意味を見出し、そして、事物のつながりの相互性が、それらが何であるのか、どのようにあるのかを構成している」とする点にジンメルの社会化認識の傑出した特徴がある、と述べている（Urry 2007=2015: 43）。

（4）アーリによると、「社会学的方法の新しい基準」はいうまでもなくデュルケームに倣ったものであるが、具体的にはフランクリン・H・ギディングスらのいう組成社会（constituent society）以降に「新たに現われているさまざまなハイブリッド的実体」を踏まえて「より「動的な」理論化」に組み換える必要がある、という（Giddings 1896=1930）。ちなみに、『社会を越える社会学』では、そのために「均衡状態や構造、社会秩序ではなく、動きや移動性、偶発的な秩序化に焦点をあてた社会学を発展させる」こと、「人びとの身体的、想像的、ヴァーチャル的移動の程度と範囲、さまざまな影響を検討する」こと、「社会的事実としてのモノを考察し、行為主体をモノとヒトとの相互的交差に起因するものとしてとらえる」ことなど、一三の要件をあげている（Urry 2000=2006: 32-35）。

第10章

モビリティーズ・スタディーズの理論的座標軸(1)——創発とは何か

1　再定式化の前提

前章では、移動論的転回を主導してきた論者たちが、諸形態・現象に盲従するのではなく、モビリティーズが内包する、きわめてアモルフであり、容易に計量化／定式化できない、それ自体、非線形的な機制および複雑性のロジックで示される社会関係のありように視点を移していったことを論じた。その結果、人と人が交わる根源のところで立ちあらわれる関連態／関係様式に目が向けられ、その傑出した形として「創発」の機制が取り上げられることになったこと、しかもその際、ルフェーヴルの社会空間論およびジンメルの都市認識が重要な役割を果たしてきたことを指摘した。それでは、そうした「創発」に照準したモビリティーズ・スタディーズはどのような論点を提示しているのであろうか。

「空間論的転回」から「移動論的転回」への理路を引き継ぎ、ある意味でその到達点を示しているモビリティーズ・スタディーズは、ひとことで言うと、複雑性思考と非線形的理論をもって「移動をベースとする社会科学」の土台を形成しようとするものであり、そこで中核概念となるのが「創発」である。したがって、以下、「創発」をめぐる論点を中心にして章題にせまることにする。ただその前に、モビリティーズ・スタディーズはもともとグローバリゼーション・スタディーズから「分岐」していることを考慮して、さしあたり「グローバルなもの」をどうとらえ、そのうえでグローバリゼーション・スタディーズの「いま」をどうみているのかについて簡単にふれておきたい。

そもそもグローバル化の進展によってヒト、モノ、カネ、情報のボーダレスなフローがもたらされ、「一つのまとまりのあるもの」「境界のあるもの」「仕切りのあるもの」が根源から問い直されることになったという認識からグローバリゼーション・スタディーズは出発した。しかし実際には、グローバルなネットワークが動的な複雑系として存在しており、平衡とはとても言いがたい特性やパタンからなるシステムを生み出しているにもかかわらず、これまでのグローバリゼーション・スタディーズはグローバルな単一システムがあらかじめ存在しているかのようにとらえ、いわば全権全能のグローバル化によって地域／地方、国民国家、文化などが線形的に変容させられているとみなしがちであった。つまり、旧来の社会科学に支配的にみられた「構造がエージェントを規定する」という類の線形的な社会科学がグローバリゼーション・スタディーズにもそのまま持ち込まれていたのである。

二〇〇〇年代の劈頭において、こうしたグローバル化至上主義に基づくグローバリゼーション・スタディーズにたいして再帰的な問い直しが起こる。[1] 大きな流れとしてはグローバリゼーションを「資本主義による世界の構造化」（スチュアート・ホール）とローカルなものの断片化／溶解といった大きな語り《グランド・ナラティヴ》に収斂させ、結果的に受け入れるしかないとする「ネオリベラル的なスタンス」（Gregory 2000: 315）を向こうにして、ハイデガーに由来する「場所のまわりに線を引く」論調、すなわちドリーン・マッシーがいう「進歩的な場所感覚」（Massey 2005=2014）が頭をもたげるようになる。それはグローバル化を「脅し」＝「恐怖」としてとらえ、場所にそうした「脅し」＝「恐怖」から回避するためのシェルター（避難所）の役割を与え、「安定性やなんら問題のないアイデンティティの拠り所」として位置づける。この立場は、一見したところ、前述のグローバリゼーション・スタディーズの対極に位置しているようにみえるが、両者とも擬人化された資本のリストラクチャリングという大きな物語を立論の基礎に据えているという点では「遠くて近い」関係にある。

それに対して、同質化にも差異化にも回収されないグローバルとローカルのパラドクスに力点を置く、マッシーが「場所のオルタナティヴな解釈」（Massey 1993=2002: 41）と呼ぶものが立ちあらわれている。それはひとことで言うと、人びとのつながりや結びつきにおいて、社会的諸関係と理解のネットワークが根茎状《リゾーム》に節合され、しかも外に向かって開かれている状景が念頭に置かれている。ここには明らかに、ローカリティのありようが以下に言及する「創発」および「間＝あいだ」の原認識をなし、空間論的転回、移動論的転回、そしてモビリティーズ・スタディーズへと引き継がれていく理論的地平があらかじめ示されている。

さて、この「場所のオルタナティヴな解釈」の衣鉢を継ぐモビリティーズ・スタディーズは、何よりもグローカル・アトラクタ(2)、つまりグローバリゼーションとローカリゼーションを並進的で非線形的な過程とみなし、モビリティーズとインモビリティーズ（停滞）とがせめぎあう場のありように注目する社会科学をめざそうとしている。N・カーンはその点を踏まえたうえで、文化人類学の領域でインモビリティーズの再解釈が進んでおり(3)、モビリティーズとの「間」（what lies between）が中心的な論点になっている、と指摘している（Khan 2016）。要するに、モビリティーズとインモビリティーズの「あいだ」が「一方から他方へ」という継起的な枠組みとしてではなく、同時的に存在するという枠組みでとらえられるようになっているというのである。

ひとことでいうと、モビリティーズ・スタディーズは、この「間＝あいだ」を「創発」に座を据えて定式化しようとするものであり、そこから何が立ちあらわれるかを検討することが主なテーマとなる。むろん、こうした枠組みからすれば、移動の前と後ろ（始点と終点）のみに注目する社会科学の適用可能性、そしてそこに伏在する知の権力作用に鋭意に向き合わねばならないことはいうまでもない。

2　「非－場所」というメタファー

さて先にも述べたように、流動的でダイナミックな理論的／経験的領野としての「間＝あいだ」はモビリティーズ・スタディーズにおいてキーエリアとなっており、その理論的座標軸を示すためには再定式化が避けられない。そこでさしあたり、河野哲也の以下の三つの言説によってその道標となるものをさぐってみよう（河野 2022: 9-10）。

間とは、単なる空虚や無ではなく、そこから何かが現れてくる、何かが生じてくる間隙やインターバルを意味している。

［間は］背後から、突如、それまで隠されていた何かが差し込まれてくる間隙、充満した潜在性からにわかに何かが顕在化してくる様子として理解されている。

間は、単純な空虚ではなく、二つの対象に一定の関係が存在しているときにはじめてそれとして認められる。言うなれば、間は関係性としての無なのである。

この「間＝あいだ」をめぐる再定式化をさらに深く掘り下げると、河野のいう「関係性としての無」と関連して、マルク・オジェが主張する「非－場所（non-place）」というメタファーが浮上してくる。そこには、社会組成的（societal）な領域にとどまらない数々のアソシエーションの噴出、既存社会の内部でうごめく脱統合的で複層的で離接《ディスジャンクティヴ》的な秩序の表出、そして新たな機会や欲望だけでなく新たなリスクも喚起するヒト、モノ、情報のグローバルなフローやネットワークの叢生といった事態が視野におさめられている。加えてそれらをどう取り込むかということがあらたな論点となっている。(4) ちなみに、オジェは、この「非－場所」を「アイデンティティも、他者との関係も、歴史も象徴化されていないような空間」であり、「人が生をともにすることなく共存し、あるいは共住する世界」（Augé 1994=2002: 245）であると定義したうえで、それが以下のようなスーパーモダニティの社会関係を特徴づけるものとしてあるという。

スーパーモダニティは、歴史の加速化、空間の縮小化、準拠枠組みの個人化に対応しており、これらはおしなべてモダニティの累加的な過程をくつがえすものなのだ（ibid.: 246）。

ここでいうスーパーモダニティは、先に言及した「一つのまとまりあるもの」が「まとまりないもの」を暴き出す（浮き彫りにする）という黙示録的な性格をもっており、それがすぐれて「間＝あいだ」としてあることを示すものである。つまり、「現前」（リアル）と「不在」（ヴァーチャル）が複雑にからみあう地層に基点を置く、モビリティーズ・スタディーズの現在性（プレゼンス）をあらわすものとしてみることができる。[5]

注

（1）『思想』二〇〇三年一月号（特集「グローバル化の文化地政学」）において、場所の位置づけに関連して、グローバリゼーション・スタディーズの理論動向について、スチュアート・ホール、テッサ・モリス＝スズキなどを中心にしてポレミークな議論が交わされている。

（2）アーリによると、「相互に依存しあった流動的なグローバルなハイブリッドが拡がっていくこと」（Urry 2003=2014: 24）をさしており、具体的には次のように述べられている。

（グローカル・アトラクタは）グローバリゼーションが深まればローカリゼーションが深まり、そしてそのことがグローバリゼーションを深める……といった並進的な過程をともなう。グローバルなものとローカルなものはともに、動的《ダイナミック》で不可逆のつながりを通して結びついており、莫大な資源のフローが引き寄せられ、この二つのあいだで前後する。グローバルなものもローカルなものも、片方がなければ存在することはできないのである。（ibid.）

（3）カーンによると、インモビリティーズは従来より文化人類学の領域で民族誌的な理論枠組みで用いられてきたものであるが、こんにち、人の移動《マイグレーション》、モダニティ、アフェクト（影響）、市場のような中心的な領域でキーワードとして用いられるようになっている。さらにモビリティーズが別れと出会い、つながりと離反、行き止まりと行き着いたさき、などといった実存的な事象に関連するときに用いられることもあるという。しかしそれ以上に、グローバルなヒト、モノ、コトのフローがもたらしたセダンティズム（定住主義）の崩壊によって生じた「間＝あいだ」に視線が向けられている。

（4）以下に述べるように、このところ、場所および場所性はどちらかというと領域的なものから離れて説明されがちである。つまり、領域的なものへの帰属とかアイデンティティよりもむしろ、「パフォーマティヴなもの」の只中から表出するつながりとか結びつきなどを軸にして説明される傾向にある。その場合、場所および場所性はあきらかに「非－場所」が中心的なテーマになっている。

（5）結局、ここでの「間＝あいだ」という表記は、すぐれてオジェのいう「非－場所」の内実を示している。要するに、「現前」と「不在」が重層的に交錯する社会関係そのものをあらわしているのである。

第11章
モビリティーズ・スタディーズの理論的座標軸(2)——脱主体の機制

1 「創発」へ／から

ところでモビリティーズ・スタディーズでは、前章で取り上げた「間＝あいだ」を下支えし補説する原理的な描像として、「間＝あいだ」を通底する「創発」(emergence)という特性、そしてそこに根ざす脱主体とあらたな関係性／集合態のありように深い関心を寄せてきた。その意味で「創発」はモビリティーズ・スタディーズにおける最大の論点だといってもよい。ちなみに、アーリがその「創発」について述べているところを簡約化して示すと、およそ次のようになる(吉原 2022: 44)。

(創発とは) あらゆる種類の現象にみられる「集合的な特性」のことである。それは「おのれの構成要素を越えるような、振る舞いの規則性」をはらんでおり、しかもそれが「その部分のサイズよりも大きくなるというのではなく、その部分とは何かしら異なるシステム効果が存在する」という点に最大の特徴がある。つまり、「多数のものは少数のものとは違った振舞いをみせるがゆえに量の多なるは質の異なり」になるということが重要なのである。この集合的特性を一つの指標として、「さまざまな種類のつながりが交互に並び合い、交わり合い、結び合う」という創発の基礎的過程が描きだされる。

アーリは、その基礎的過程を「不均等で平衡から遠く離れた相互依存プロセスの諸集合」(Urry 2003=2014: 141) としてとらえている。そしてその相互依存プロセスは「多様で重なり合った……ネットワークと流動体を通じてリレーされ、実にさまざまな時間スケール上に広がってゆく」(ibid.: 142) こと、したがって常に流動的であり生成途上 (=「オン・ザ・ムーブ」) にあるから、「動的な不安定性」をともなわざるを得ないとしている (ibid.: 41)。だからI・プリゴジンによって散逸的で非線形的などと形容された、前述した「グローバルなもの」に立ち戻って、いま指摘した「創発」を説明する必要がある。ちなみに、前掲の河野は、世界に存在する諸々のものが多元的かつ入れ子状をなして並び合うことによって「創発」が生じると主張しており (河野 2008)、アーリの着想とも深く響き合っている。[1]

いずれにせよ、非線形的思考と複雑性理論に準拠して「社会的なもの」を読み直し、「移動をベースとする社会科学」／「社会学的方法の新しい基準」を築きあげることがモビリティーズ・スタディーズの最重要課題であるとするなら、課題を導出し、ときほぐす契機として「創発」の機制を検討することは不可欠である。(2)

2　「居合わせること」——Fサロン考

さてここで立ち止まって、東日本大震災の被災地で立ち上がったFサロンに視点を移す。そして前節で言及した創発の実相を探ることにしよう。

ここで例示的にとりあげるFサロンは、原発被災によって広域避難した大熊町民のために会津若松市に設営された仮設住宅にできた交流の場である。サロンの成り立ちおよび組織構成については拙著（吉原 2021）において詳述しているので繰り返さないが、それ自体、被災地の自治会で普通見られるような活動を行っているにすぎなかった。しかしFサロンは「元あるコミュニティ」がそのまま移ってきて設置されたいわゆる「国策自治会」をベースにしていなかった。したがって（サロンの）参加メンバーは地域の出自もキャリアも一様ではなく、そうした「異なる他者」どうしが支援者(3)を介して相互に交わること、つまり自分たちとは違う他者、あるいは「よその人」と向き合うことがサロンの証となっていた。

その結果、自分たちの抱えているイッシューを外に開かれている形で少し距離を置いて考えるようになった。こうして一見何の変哲もない「おしゃべりの場」が問題発見に向けての社会的経験／構築の場になったのである。ちなみに、元メンバーのR（四七歳・女）は、サロンにおいて対他的で自由なおしゃべりを積み重ねることによって「自分でも驚くほど自由にものを言うことができる」ようになり、国との賠償交渉にも積極的に参加し、意見を述べるようになった、という。Rによればそれが可能になったのは、メンバーの間でできあがっていた、ある程度まで一方が他方に入り込むという「共在関係」によるものであった。

考えてみれば、この気づきは、本源的には「異なる他者」どうしが「居合わせる《コ・プレゼンス》」ことから派生するものであるが、鷲田清一はそれを無条件に「寄りそい」「隣り合わせる」ことだとしている（鷲田 2015）。その裾野は奥深い。なぜならそこには日本の近隣／地縁が長い間担保してきた位相的秩序、まさに先に言及した「さまざまな種類のつながりが交互に並び合い、交わり合い、結び合う」創発の基礎的過程が伏在しているからである。そこには、主体の複数性に根ざす「間＝あいだ」が、みてきたような境界のダイナミズムとそこに通底する関係性＝相互性を伴いながら立ちあらわれては消えている。

とはいえ、筆者がみるかぎり、Fサロンが示す境界性／関係性／相互性は、それがなければ互いにいかなる関係も存在し得ないような諸要素をつなぎとめ、新しい構成体へと連結する、エルネスト・ラクラウのいう社会的構築＝経験の世界（Laclau & Mouffe 1985=2000）を獲得するには至っていない。

3　アサンブラージュ、アフォーダンス、アーティキュレーション

第1節では、「創発」が「間＝あいだ」にひそむ関係性／集合態を、きわめてダイナミックかつ両義的にさし示すものとしてあることを示した。ところでこんにち、その下位概念として注目されているのが、アサンブラージュ（assemblage）であり、アフォーダンス（affordance）であり、アーティキュレーション（articulation）である。それらは相互に共振している。以下、それぞれについて含意しているものを簡単に指摘しておこう。

まずアサンブラージュであるが、それはもともとマヌエル・デランダがドゥルーズに依拠して提起した概念である（DeLanda 2006=2015）。アーリはそれをきわめて達意に「関係し合う合成物であり、システムを構成する諸要素の属性やアイデンティティが融合し合いつねに変化し、時間と空間を通じて創発的なかたちで実現され、歴史的に特有のプロセスにおいて具体化される……」と概括している（Elliot and Urry 2010=2016: 18）。そして何よりも「感覚、情動、

欲望の個人的能力の生成が……［この］アサンブラージュと結びつく」としている（ibid.: 19）。他方、ハーヴェイは、「それは多くの異質な項から構成される多様体であり……それらの項のあいだの諸々の結びつき、諸々の関係を成立させる多様体である。またこのアサンブラージュの唯一の単位は共機能作用に属している。つまりそれは一つの共生、一つの「共感」なのである。重要なのはけっして系統関係ではなく、同盟関係《アリアンス》と合金関係《アリアージュ》である」（Harvey 2009=2013: 437）と述べており、これはアーリの上述の概括と共振している。つまり、アサンブラージュとは合体／統合という形をとらない特権なき諸主体の自由な交差をさし示すものなのである。

　このアサンブラージュとパラレルに立ちあらわれているのが、認知心理学や生態学的実在論で提示されているアフォーダンスという概念である。その主唱者であるジェームズ・J・ギブソンによると、それは環境を所与のものととらえるのではなく、物と動物のありよう、つまり人間や動物が事物に影響を与え、それがフィードバックすることによって動作や感情が生じるとみなすものである（Gibson 1979=1985）。そこではギブソンのいう「レゾナンス」（＝共鳴）という概念が中核に据えられている。[4]

　さて、以上のアサンブラージュおよびアフォーダンスと横並びにあるものとして注目されるのがアーティキュレーション（節合）である。それは、ラクラウとムフがラディカルデモクラシーの基軸に据えるものであり、あえて概括すると、行為主体の、異なる主体との交わりを通して獲得された「当事者性」と、社会の側の変容に即して練り上げた「他者性」とのすりあわせの「かたち」／状態を示すもの、換言するなら、ある一つの主体が特権的な主体としてあるのではなく、複数の主体がおのおののアイデンティティを変容させながら、諸要素のあいだの関係をうちたてるものとしてあり、容易に内に向かわない「自由な越境」を特徴としている（Laclau & Mouffe 1985=2000; 吉原 2022）。

ここで注目されるのは、アサンブラージュにせよ、アフォーダンスにせよ、アーティキュレーションにせよ、社会理論上の新地平をもたらしたハイブリッドな、フロー、ネットワークそしてスケイプからなる、脱主体をメルクマールとする「構成＝集合体《アサンブラージュ》」に多かれ少なかれ接続されるといった共通項が見いだせることである。それは次節の議論に深くかかわってくる。

4　「間＝あいだ」に底在する脱主体の契機

さて、「創発」の下位概念を以上のように整理してみると、第9章第1節でアーリが「複雑性への転回」として提示した論点、とりわけ［4］ミクロな現象がグローバルな次元で

「個の総和」以上のものとして立ちあらわれる状況、および［5］社会諸関係とモノからなるシステムが複数のものが組み合わさった状態で存在すること、がそれらに見事に取り込まれていることがわかる。同時に、それぞれの概念は三者三様ではあるが、特権的主体なきヒト、モノ、コトの対他的な相互作用を通して立ちあらわれる関係性／集合態がキーストーンとなっていることが読み取れる（前節参照）。そこに表れる脱主体の機制は、考えてみれば、言語論的転回がその初発段階において示しながら、その後、社会理論領域において後景にしりぞいていったものである（第7章第3節参照）。それが移動論的転回をくぐり抜けて、モビリティーズ・スタディーズに至って再び前景に立ちあらわれたといえる。いずれにせよ、脱主体の機制は、「間＝あいだ」にひそむ、単なる「通過点」にとどまらない既述した「ティッピング・ポイント」（分岐点／転換点）としての性質をとらえる際に、中心的かつ基幹的な説明枠組みとして存在するといえよう。

　近年、無数の行為が生じ、相互召喚し、連鎖していくところに生じる「網の目」に着目するハンナ・アーレントの議論（Arendt 1958=1994）や、マクロにもミクロにも解消されない、諸物の〈あいだ〉を循環する運動あるいは軌道を強調するブリュノ・ラトゥールのアクターネットワーク理論(4)（Latour 2005=2019）、さらに「新たな民主主義の編成としてのアセンブリッジ」に熱いまなざしを向けるネグリとハートの議論（Negri & Hardt 2017=2022）などが注目されている。ここではさしあたり、篠原雅武によるアーレントの「網の目」に関する要を得た概括を援用しておこう（篠原 2015: 231）。

重なり合いを、人間集団という表象を介するのではなく、網の目として生じるものとして捉え直してみる。複数の人間集団が重なり合うというのではなく、人間集団という枠組みとはかかわりのないところで、複数の人間の行為がふるまいとなって発するところに生じてくる網の目状の組織体として重なり合いを捉えていく。重なり合いを、無数の行為が生じ、相互に作用し、触発し、連鎖していくところにおいて形成されるものと考えてみる。

ここには明らかに、これまでみてきたような「間＝あいだ」と「創発」の往還、そしてそこを通底する脱主体の機制が組み入れられている。アクターネットワーク理論と「アセンブリッジ」の議論については紙幅の都合から詳述を控えるが、それらもまた「網の目」と相同的な立論を展開している。そしてそれらがともに差異やジレンマをともない、領域がはっきりしない、いつ壊れてもおかしくない、デランダのいう「はかない集合体」（Delanda 2006=2015）としての性格を帯びているために、「間＝あいだ」においても「動的な不安定性」

が常につきまとうことは避けられない。だから、それが（あらたな関係性／集合態をめぐる）もうひとつの重要課題とならざるを得なくなるのである。そのため、みてきたような「間／あいだ」、そして「創発」を一面的に論じることは避けなければならない。

注

（1）河野は「創発」の特性を「下にあるもの」が「上にあるもの」にそのまま移るのでもなければ、「上にあるもの」が「下にあるもの」に直接立ち返るのでもない点にもとめている（河野 2008）。その一方で「創発」が脱組織化の過程で生じたものであるゆえ、そこにひそむ両義性、つまりきわめて可能性にあふれたものであると同時に不安定なものであることを認識していたようである。

ところでこの「創発」の特性については、アーリや河野以外にも多くの論者が着目している。たとえば、A・ベルクは、日本の近隣の基底には人と人が相互に喚《よ》び合う位相的関係が伏在しており、そこにその場その場の状況に合わせながら雑然と規範を組み上げていく際の、いわば媒質としての人と人との「あいだ」が存置すると言っている。そしてこの位相的関係の裡に「創発」特性の社会・文化構造の一つの「かたち」をみている（Berque 1986=1988: 307-309）。なお、近隣に関していうなら、松岡心平がその著『宴の身体』において、中世の集団形成のありようを連歌の場の形成と相同的にとらえ、その集団＝場が「差異」と「他者」を受け入れる原構造を宿していた、と述べている（松岡 1991）。

（2）ちなみに、F・ド・ソシュールによると、アーティキュレーションの原義はラテン語で肢体、部分、そしてひと続きの物の細分を意味する articulus である。そのことを踏まえたうえで、ソシュールは「言連鎖を音節へと細分すること」と「意義の連鎖を意義単位へと細分すること」の両方からなるものとしてアーティキュレーションをとらえている（Saussure 1916=1994）。

（3） ボランタリー・アソシエーションなどのリーダーとしてよく取り上げられる特権的なポジションにある者とか「外部」のサポーターなどとは異なる。基本的には後述する「寄りそい」「隣り合わせる」存在としてあり、脱主体の機制とともにある。

（4） 近年、シリーズ「知の生態学の冒険 J・J・ギブソンの継承」（全九巻、東京大学出版会）が刊行され、認知心理学および生態学的実在論に再び熱いまなざしが向けられるようになっているが、その一環としてとりわけモビリティーズ・スタディーズの内部もしくはその周辺から、共振し相互浸透する領域として深い関心が寄せられている。

（5） 行論の展開上、アクターネットワーク理論にも言及するべきであったが、紙幅の関係で割愛せざるを得なかった。ただ最小限の記述になるが、アクターネットワーク理論（ANT）が「社会的なもの」を「異種多様な要素同士のつながりを指し示す」（Latour 2005=2019: 15）ものと定義することによって、社会科学を創建的に組み直すものとして、モビリティーズ・スタディーズでも注目されるようになっていることはたしかである。ANTは、まぎれもなく、前節でみた一連の概念にたいしてある種の祖型となるような議論を示している。なお、ANTの理論的特性については、伊藤（2024）を参照されたい。

第12章
ハーヴェイ、アーリとモビリティーズ・パラダイム

1　ポストモダニズムへの視線――場所から空間へ

以上、第Ⅲ部では「空間論的ルネサンス」からはじまって「空間論的転回」、「移動論的転回」を経てモビリティーズ・スタディーズにいたる理論的展開の道筋を追ってきた。さらにそこを通底するモビリティーズ・パラダイムの理論的座標軸をさぐるなかで明らかになったのは、アーリ、ハーヴェイ、ルフェーヴル、ジンメルらが知的才幹としてきわめて重要な役割を果たしていることである。ルフェーヴル、ジンメルについてはすでに取り上げたので、ここではこれまで述べてきたことをいま一度確認し、補説するために、ハーヴェイおよびアーリの著作をひもときながら彼らのとらえるモビリティーズ・パラダイムについて簡単に整理しておきたい。まずハーヴェイからはじめよう。

資本主義の歴史的・地理的発展のダイナミックなありように一貫して強い関心を寄せてきたハーヴェイが論点の中心に据えたのは、資本主義が空間的固定化という「時間と空間」の再編によって自らの危機を回避し、新たな蓄積の基礎を形成してきたという点である。そこでマルクスの「時間による空間の絶滅」[1]というシェーマにもとづきながら、フォーディズムからポスト・フォーディズムにおけるフレキシブルな転換の要諦をなす「時間と空間」の経験として呈示されたのが「時間と空間の圧縮」である（なお第8章も参照）。それは既述した「空間論的ルネサンス」へのイニシエーションの役割を果たした『社会的正義と都市』の刊行以降、『都市の資本論』（Harvey 1985a=1991）ならびに『意識と都市の経験』（Harvey 1985b）を通して推敲され、『ポストモダニティの条件』（以下、『条件』と略称）の中心的なテーマになったものである。

ところで、ハーヴェイによれば、「時間と空間の圧縮」によって、存在するのは現在ばかりという点にまで時間的地平が縮められ、その結果、空間的な世界が圧縮され「ハイパー・スペース」化する。その最大の理論的特徴は、そのことによって倫理よりも美学、実際にあるものよりもイメージに重きが置かれるようになり、モダニズム的な生成のプロジェクトが担っていた表象の危機を招かざるを得ないとしている点である[2]（Harvey 1990=2022）。だから、「時間と空間の圧縮」は、世界の表象を変えるよう迫り、フォーディズム的なモダニズムからポストモダニズム的なフレキシビリティへの移行がもはやゆるぎないものであることを示しているとされる。しかしその一方で、「ポストモダニズムのフレキシビリティは、フォーディズム的モダニティにおいて見いだされた支配的秩序のたんなる裏（面）」（ibid.: 544）であるとも見なされる。ここにはハーヴェイのモダニティの両義性認識がくっきりとあらわれている。

こうしてみると「時間と空間の圧縮」は資本蓄積のフレキシブルな体制とポストモダンの文化形態を媒介するものとして位置づけられていることがわかる。そのうえで、ハーヴェイは「時間と空間の圧縮」がもたらした帰結・影響を「移ろいやすさとはかなさ」、「即時性と使い捨ての価値観と美徳」、「短期的利益を得ることを指向する態度」、「新しい記号体系とイメージの構築」、「シミュラークルの果たす役割」の五点においてとらえる（ibid.: 452-9）。明らかに、こうした帰結・影響は空間的障壁の重要性の低下を示しているが、同時に資本が「空間内における場所のバリエーションにたいして……より敏感になる」とともに「場所の差異を作り出そうという誘因が高まる」という（ibid.: 471）。その結果として、空間のもっているわずかばかりの差異をめぐって空間的競争が生じる、つまり、資本による、場所をめぐる空間の差異化戦略が熾烈をきわめるようになる。ここでは、「場所の差異化」→「場所性の強化」の過程、畢竟、資本主義の危機回避の動きがみごとに視界に収められているが、要は「時間による空間の絶滅」がかろうじて可能になるというわけである。

ところで、こうした「空間的なもの」の取り込みが資本主義の危機を回避する一つの契機となっているという議論は、先行する『資本の都市論』や『意識と都市の経験』において中心的な論点となっていた「資本の第二循環としての空間」や「建造環境」(built environment)といったカテゴリー[3]の彫琢の所産であっただけでなく、空間論的転回のより初期の段階でグローバリゼーション・スタディーズに分け入り、空間論的ルネサンスにおいてイニシアティヴをとるなかで深くかかわった「場所から空間へ」の議論[4]を引き継ぐものでもあった。そして特に後者に関していうと、「断片的で混沌とした変化のさまざまな流れ」(Harvey 1990=2022: 93)のなかにある「生きられた空間」「循環する時間」へのまなざしは、まぎれもなく前章で概観したモビリティーズ・パラダイムの理論的座標軸の基層のところで見え隠れしている。そしてそれとともにポストモダニズムへの実践的で哲学的な言説介入は、「表象の危機」に根ざす文化論的転回を継受し、「動的な不安定性」にゆれるモビリティーズ・パラダイムの底流をなしている。

しかしその一方で、いわば資本が場所を選ぶといった一種の資本決定論(あるいは構造決定論)でこれまで見てきたような「間＝あいだ」の機制、つまり、「時間と空間」の関係が社会関係において本質的な様相になっていることを剔《えぐ》りだすことができるのかという疑問が残る。その意味では、「場所の差異化」が「場所の再強化」をもたらすというサイクルに回収されないような「時間と空間の圧縮」のありようを探ることが求められているのかもしれない。そのときになってはじめて、「時間と空間の圧縮」という理論的テーマがマルクスの「時間による空間の絶滅」という命題から離床することになるのかもしれない。

その点では『公正・自然・差異の地理学』(Harvey 1996) においてレイモンド・ウィリアムズの「戦闘的個別主義」(millitant particularism) に引き寄せて、内発的な個別主義という枠組みで「場所の差異化」が論じられているのは興味深い。そこではレイシズム、エスニシティ、ジェンダー、マイノリティなどが空間的なテーマを構成するものとして取り上げられている。[5]そして国家の壁を透視し内破する場所政治の可能性が論じられている。

2　瞬間的時間の機制

ここで、アーリに視点を移す前に少し迂回して、瞬間的時間について言及しておこう。なぜなら、上述した「時間と空間の圧縮」が広範囲に立ちあらわれるなかでクロック・タイムが社会の後景に退き、それとともにかつてアンリ・ベルクソンが指摘した、「空間化された時間」と区別された「持続 (durée)」の経験、すなわち、決して区切ることのできない間断なき意識の流れが[6]「瞬間的」あるいは「ヴァーチャル」な形で再秩序化されつつあるようにみえるからである。この瞬間的かつ超時的な時間はもともとニコラス・ネグロポンテのいう「光速で世界中を駆けまわる、重さのないビット」（Negroponte 1995=1995: 23）が起源となっているが、アーリはそれを「瞬間的時間（instantaneous time）」と呼び、その構成要素を以下のように概括している（Urry 2000=2006: 223）。

第一に、完全に人間の意識を超えてしまう、想像も及ばない短い瞬間を基底とする、情報と通信の新たなテクノロジー。第二に、別々の瞬間に起こる原因と結果という時間的分離を特徴とするクロック・タイムの線形的論理に代わる、社会的、技術的関係の同時的存在性。第三に、文字通りに瞬間的、同時的でないにしても、ひどく短期的、断片的な時間のもつ広範囲にわたる重要性のメタファー。

こうした「瞬間的時間」は「儚さ、使い捨て、一過性、イメージ、シミュラークルといったものの典型的事例」（Urry 1995=2003: 295）を示している。そしてそのもとで、未来が現在へと溶解しており、メディアは人びとがおののかざるを得ないような出来事をはるか遠くから日常生活に送り込んでいる。とりわけ、「瞬間的時間」の秩序がすみずみまでゆきわたるなかで、ヒト、モノ、情報が単に集積する場から、それぞれフローをつなぎ合わせ管理する場へと転態をなし遂げたインフォメーショナル・シティが跳梁している。それはまさに「場所の空間（space of place）」から「フローの空間（space of flow）」への変容の最中にあらわれたものであり、カステルによれば、そこは需要ネットワーク装置が資本の時間からの解放／離脱と文化の逃避をうながす、スペクタクル空間と化しているという。そこはさまざまな電子メディア／ネットワークによって包囲された一種の記号論都市→表象都市としての性格をあらわにしている（Castells 1989）。まさにインフォメーショナル・シティは「瞬間的時間」のメタファーとしてである。

しかしここでより注目されるのは、指摘されるようなインフォメーショナル・シティがデュアル・シティ（二重都市）としてあるという点である。ちなみに、デュアル・シティは総じて、雇用面での不平等の拡大とともに、少数の熟練・専門技術者がハイテク製造業・先端サービス関連業務部門に従事し、圧倒的多数のものが低熟練・低賃金職種に就くといった二極化傾向が加速し、それが建造環境に射影したものと理解されている。ここで「瞬間的時間」の機制がデュアル・シティにより可視化されていると言うことはできる。けれども後者が反転して前者にどう射影し返すかは、明らかでない。

したがって、デュアル・シティの両義性を見定める必要があるが、ただひとつだけ言えることは、「瞬間的時間」の機制が脈動するインフォメーショナル・シティを、蓄積と過剰をつむぐだけの発展主義的な時間に深く足を下ろし、つまるところ、国家の〈威〉の空間を正当化するだけの大きな語り《ナラティヴ》にもはや換言することができないということである。そのためには、何よりもまずグローバル化の布置状況が「根本的にフラクタル的であって、ユークリッド的な境界や構造や規則性をもはや備えていない」(Appadurai 1996=2002: 27) こと、そしてそうしたグローバル化を通底する「瞬間的時間」がたえず繰り延べされる解消不可能な差異を抱合しながら、多義性と散種(意味の置き換え)をともなう構造のうえにあることを認識する必要がある。

3　市民社会論からモビリティーズ・パラダイムへ

さていま述べたことも含めて、アーリがこれまでにしるした理論的航跡を少し詳しくみることにしよう。まず一九八一年に刊行された『資本主義社会の解剖——経済・市民社会・国家』(Urry 1981=1986) において、近代資本主義における主体形成に照準を合わせ、一方で生産の社会的諸関係と国家のありように、他方でそうしたものに直接規定/同定されない、ジェンダー、エスニシティ、世代、居住地などの社会的クラスターを通して立ちあらわれる行為者間の相互作用とそれにともなう諸個人の社会的経験の重要性に言及している。そして諸個人を「国民」と「階級」に一元化せずに、むしろ諸個人の社会的経験や社会認識を通して近代資本主義を「解剖」している。こうしたスタンスは、その後の著作を貫く基調音になるとともに、空間表象の複数性へのひとつの原認識を示すことになった。

ちなみに、『観光のまなざし』(Urry 1990=1995) および『場所を消費する』(Urry 1995=2003) において中核的なシェーマになっている「視覚的消費」では、伝統的な社会諸関係を相対化し、資本と対峙することによって場所性の回復を担う、あえていうならポストモダン的な主体の形成とともに(視覚的消費を通して)資本の蓄積と循環のためのあらたな機会の創出につながっていることが含意されている。

同時に、それに続く『グローバルな複雑性』(Urry 2003=2014) では、既述した『資本主義の解剖』以降の振幅の大きい議論[7]がグローバル化の進展に照準を合わせながら、相補的かつ非対称的に共振することによって、けっして「一対一」ですすむことのない資本主義社会認識と市民社会にたいする認識を深めることになったと述べている。そこで、アーリの議論の航跡に立ち返って、この点について少し検討してみよう。

まず、一九八七年刊行のラッシュとの共著『組織化資本主義の終焉』(Lash & Urry 1987) では、いわゆる「脱組織化」が資本主義社会の構造的変容/転態にかかわるものとして取り上げられた。そして引き続いて、同じラッシュとの共著『記号と空間の経済』（Lash & Urry 1994=2018）において、脱組織化と響き合う形で立ちあらわれた、ローカルをベースとしつつ、グローバルに広がるヒト、モノ、コトのフローとボーダレスなつながりに視点が移された。それは後の『グローバルな複雑性』における、複雑性科学の知見に全面的に依拠する、既述した「グローカル・アトラクタ」の議論に接続されていく。

　こうして「ナショナルな社会組成的な組織化からグローバルな脱組織化へ」の移行とともに、グローバルなフローにもとづく動的な記号経済の進展が中心的な論点となった。その進展は人びとのさまざまなスケイプと文化の変容をともなっており、一種形態学的《モルフォロジカル》な様相を深めるものであった。そのため、ポストモダン現象にとらわれているとみなされがちであったが、実はそこには近代資本主義の組織化原理の変遷（脱組織化資本主義）にたいするアーリのゆるぎないまなざしが息づいていたのである。

　もっとも、アーリの市民社会認識の特徴は、そうした近代資本主義の組織化原理を、そのものとして検討するよりはむしろ、「社会的なもの」の再審に立ち返って、脱組織化資本主義への道筋に即して理解しようとする点にあった。そしてこの「社会的なもの」の再審に欠かすことのできなかったのが、既述した「時間と空間」に関する観念のとらえ返しであり、場所性の再定式化であったのである。

この点は『場所を消費する』から『社会を越える社会学』(Urry 2000=2006)、さらに『モビリティーズ』への展開をたどっていくと、よりあきらかになる。まず「時間と空間」の観念の変化であるが、「クロック・タイム」と場所の定式化をめぐる叙述は、上記の三つの著作を通して、「クロック・タイム」がルフェーヴルのいう「生きられた時間」に相応する「カイロス的時間」を席捲/放逐するプロセスに沿ってあきらかにされている。[8] そして市民社会を根こそぎにする壮大な時間管理体制が浮き彫りにされる。他方、場所性の再定式化については、内向化された歴史に決して回収されない新しい場所性の発見が一度『観光のまなざし』に立ち返り、それと『場所を消費する』を通して検討されている。

そこで一つのメルクマールの役割を果たしているのは、先に一瞥した「視覚的消費」が諸個人の再帰的《リカーシブ》な能力の向上をうながし、そうした能力に下支えされて立ちあらわれている場所性の回復があらたな社会的共同性をはぐくんでいるという議論である。同時に、この議論の根底には、場所性の定式化/回復自体が資本蓄積の機会になっているという認識が見え隠れしており、[9] その意味で、前節で概観したハーヴェイの「場所の差異化」から「場所の再強化」へに関する議論と同期化《シンクロナイズ》しているといえる。

こうしてみると、アーリの「時間と空間」に関する観念の変化をめぐる議論と場所性の再定式化が、空間を社会的活動のアリーナであると同時に社会的に生産されたものであるとみなす、前章で概観した「空間論的転回」の主潮を示しており、その理論的支柱となっていることはあきらかである。

ところで、『社会を越える社会学』から『グローバルな複雑性』を経て『モビリティーズ』にいたる過程において、グローバルなフローに関する一層透徹した考察がなされ、「移動論的転回」につながるあらたな理論的展開がみられるようになる。そこでは「社会的なもの」が再審されるとともに、「社会学的方法の新しい基準」の確立がめざされる。そして「移動論的転回」の地層／底流をなす「非線形的な思考」と「創発」の機制が示される。

まず『社会を越える社会学』で、グローバルなネットワークに定礎する「創発」の始原的な形が開示される。そしてそれに引き続いて『グローバルな複雑性』では、「線形的な思考」の典型として、いわゆる「構造―エージェンシー」という枠組みに依拠するグローバル化論、ならびに「所与の境界をもった組織的な資本主義社会に焦点をあてた社会学」を取り上げ、その対極に「非線形的な思考」が置かれる。そこではウォーラーステインの「脱‐社会科学」の立場をはじめとして、フリッチョフ・カプラのネットワーク分析、バウマンの「リキッド・モダニティ」論、ギデンズの「構造の二重性」論／構造化理論が範例として取り上げられている（Wallerstein 1991=1993; Capra 1996; Bauman 2000=2001; Giddens 1984=2015）。

そのうえで『モビリティーズ』では、「非線形的な思考」の最重要課題として、「社会的なもの」の再審から「社会学的方法の新しい基準」へ、そして「移動をベースとする社会科学」の確立へという道筋が提示される。そして課題を導き出し発見する契機として「創発」の概念およびその基礎的過程が示される。それは前章第2節および第3節で詳述しているのでここでは繰り返さないが、アーリによると、その過程で生じるある種のねじれ、つまり「「創発」の機制にひそむ両義性」を見逃してはならない、という。なぜなら、そこには「循環する実体」を通して構成される社会諸関係のありようが抱合されているからだ。

さてこうしてみると、『モビリティーズ』にいたるアーリの一連の著作を貫く主テーマが、ひとことで言うと線形的社会科学の脱構築であることはいうまでもない。それは前章までで概観した空間論的転回からモビリティーズ・パラダイム確立にいたる過程で見いだされるテーマ／理論的地平と大幅に重なっている。そしてこのテーマ／理論的地平を、個人の主体性に一元的に還元するのではなく、むしろ感覚や情動、さらに欲望からなる個人的能力の生成をパラフレーズする、いわば社会学的位相で読み解くなら、それもまた前章までの議論と深く関わってくるのは明らかである。

注

（1）マルクスは『経済学批判要綱』において、資本主義的諸関係は空間的障壁を克服することによって進展するとし、「時間による空間の絶滅」について言及している（Marx 1953=1958-65）。そこでは、空間は「市場の領域」であり、最終的には物的な文脈で押さえることができ、時間、さらに資本の活動によって絶滅対象となる距離摩擦の源泉であるとみなされている。もっとも、アーリは「時間による空間の絶滅」は「資本主義的生産の原理的な目標であるけれども、そうした絶滅が達成されるのは、新しい固定された、相対的に静止的な空間的布置構成の生産によってのみであるという事実をマルクスは無視している」という（Urry 1995=2003: 114）。だからこそ、ハーヴェイの「時間と空間の圧縮」の議論が重要性を帯びてくるのである。

（2）とはいえ、『条件』では、こうしたポストモダン化を無条件に肯定しているわけではない。シニフィエよりもシニフィアン、メッセージよりもメディア、換言するなら、社会的労働よりも貨幣、また物事よりもサインを強調するここでのポストモダニズムは、一見したところ貨幣の変化の役割を示唆しているようにみえるが、むしろその強化をうながしているのである。ちなみに、ポストフォーディズム的美学にかかわらせてスペクタクルもしくはシミュラークルの空間が称揚されがちであるが、ハーヴェイによると、それは資本の蓄積空間であり、空間の商品化、消費の空間化をデフォルメしたものである、という。

（3）それらは「空間的なもの」（the spatial）の取り込みが資本主義の危機を回避する一つの契機になっているという上述の議論のさきがけをなしている。同時に、空間性が半ば自律性を得てポストモダニズムの自己意識としてあらわれているとするハーヴェイの主張は、身体性・関係性にもとづく自律的な表象が現実を形成しうると考える『空間の生産』におけるルフェーヴルの空間認識の枠内にあるといえる。

（4）「場所から空間へ」に関する議論はもともと、グローバル化の進展によって「社会」／国民国家の境界維持能力が著しく減衰し、長い間モダニティとともに一元的、一方向的に論じられてきた「空間と場所」の解釈に新しい次元をもたらさざるを得なかったことに由来する。それは空間論的ルネサンスの只中から、あるいはそれを促迫するような形で立ちあらわれたモダンの空間の両義性認識と響きあっていた。そしてそのこと自体、都市社会学のパラダイム・シフトを誘う可能性を秘めていた。結局のところ、「空間と場所」に関する議論は、ベンヤミンのいう「アウラ」、つまり、時間と空間が独自にもつれあってひとつになった場所から、ド・セルトーのいう「動きつつある推移体」である空間への視点変更という形ですすんだが（Benjamin 1992=1995; Certeau 1980=1987）、そこで重要な論点になったのは、ロージ・ブライドッティのいう「狭間としての領域」（Braidotti 1994: 19）をどう位置づけるかという点であった。それは、その後のモビリティーズ・パラダイムの一大争点となった「間＝あいだ」をめぐる議論にまで延伸することになった。

（5）ハーヴェイは史的唯物論との「種差性」がメルクマールとなるルフェーヴルの実践的唯物論の立場に親近感を寄せている。とすれば、カルチュラル・スタディーズに引き寄せて「場所の差異化」を論じようとするこうしたスタンスは、考えようによっては実践的唯物論から自由になることの証かもしれない。その点、アーリの市民社会論の立場は、同じような議論をしながらも、それは多様な知との往還によるところが大きい。つまり、カルチュラル・スタディーズはあくまでもそれらの一つであるにすぎない。だからこそ、注（7）で言及するように、振幅の大きい議論、つまり、フットワークの軽い議論に陥っていると批判されるのかもしれない。

（6）ベルクソンは「時間（temps）」を「持続」から区別し、量的で空間単位に分割できる「空間化された時間」ととらえている。彼にとって、それは真の時間とは言いがたい。「持続」こそが本来の時間なのである（Bergson 1939=1995）。

（7）アーリにすれば、それは必然的なものであったが、さまざまな論者、とりわけマルクス主義のサイドからは振幅の大きさがフレームアップされた挙げ句、起点をしるして以降の市民社会論者としてのアーリの立ち位置がむしろ、後退しているのではないかという批判を浴びることになった。しかし振幅の大きい議論があったからこそ、「空間論的転回」に出逢い、「移動論的転回」の先導者になったといえる。換言するなら、起点としての市民社会論をフォーディズムからポストフォーディズムにいたる地層に定礎しながら変奏することによってモビリティーズ・パラダイムのキープレイヤーになりえたのである。

(8) ここで「クロック・タイム」とは「文脈から切り離された、合理化された時間」のことであり「均質な空間単位にほぼ無限に分割できる……時間」のことである。他方、「カイロス的時間」とは「時計がいつを指し示そうとも、いまがそのことをすべき時であるという時間感覚」のことである(Urry 2000=2006: 200)。

(9)「場所から空間へ」の議論に立ち返っていうと、こうした議論および認識は、場所が空間によっていったん脱埋め込みされたが、フォーディズムからポストフォーディズムにおいてみられる支配的な生産様式の下で、生活の個人化を極限にまで推し進め、前例のない人類の自律性を鼓吹する新自由主義がグローバルな世界の脱統合化とカオスのなかで壁にぶつかり、ある意味で共同体主義と馴れ合う局面に達していること、つまり、ポストモダニゼーションが何らかの臨界局面に至り、場所の再埋め込みがなされるようになっていることを見据えてのものかもしれない。

第Ⅳ部

トランジション・シティの方位と実相

第13章
都市社会学の脱構築のために

1 「共に-あること」

前章では、モビリティーズ・パラダイムが何よりもその基層に据える「移動をベースとする社会科学」によって線形的社会科学の脱構築をめざすものであることを示した。そしてその一環として、「移動をベースとする社会科学」の中核概念である「創発」とその下位概念であるアーティキュレーションなどにもとづいて、「社会学的方法の新しい基準」を打ち立てることがきわめて重要になることを指摘した。とすれば、「創発」の機制にひそむ両義性(「動的不安定性」を含む)がみてきたような「間=あいだ」にひそむダイナミクスとフレキシビリティを内包していることを確認したうえで、この「社会学的方法の新しい基準」がいわゆる「内包と外延」の関係を越えて「移動をベースとする社会科学」にどう接合されうるのかを解明することが不可欠の課題となる。それは、別の言い方をするなら、線形的な社会科学では説明できないもの、つまり、「移動をベースとする社会科学」を援用するしかないものを社会学的位相でどう組み上げていくかということである。

　ところでアーリによると、この社会学的位相は「経路依存性、ロックイン、閾値、正のフィードバックループ、ティッピングおよび相転移」という一連の相互作用過程によって示される（Urry 2016=2019: 27）。ちなみに、これに関連して注目されるのは「共に-あること《コ・プレゼンス》」という概念である。似田貝香門は、阪神淡路大震災の復興の現場における自立支援の文脈に添いつつ、それを「偶然……〈居合わせる co-presence〉ことにより……提起されたテーマや課題に対し、否応なく立ち上がる〈共に-ある être-avec〉という〈共同出現〉的な主体、すなわち〈われわれ〉という〈主体の複数性〉」（似田貝 2008: 4-5）のことである、と述べている。ネグリとハートが提起する「共同存在、共同行為、共同創造」という概念はこの言述と響き合っており、〈共《コモン》〉の思想を練り上げているようにみえる[1]（Negri & Hardt 2017=2022）。この「共に-あること」から〈共〉の思想までの過程において、「創発」の始原的な形だけでなく、自発性や自律性に重きを置かない、換言するなら、特権的主体を前提としない〈脱主体〉の考え方が見え隠れしている。まさに前章でみた「間＝あいだ」にひそむダイナミクスとフレキシビリティが一方向ではない形で踏襲されているのである。

したがって、モビリティーズ・パラダイムに引き寄せて都市社会学を脱構築するためには、「創発」の機制の下でねじれ、いくつも層を成しながら立ちあらわれる「間＝あいだ」の実相を踏まえたうえで、「共に‐あること」＝〈共〉の思想にもとづいてモビリティーズ・パラダイムの裾野を広げることからはじめる必要がある。

2　〈公〉から〈共〉へのシフト・チェンジ

前節末尾で触れた「間＝あいだ」のねじれた実相は、何よりも「資本主義の発展の内的な動き」が「これまで以上に〈共〉に依存するようになっており、それに応じて生産物もますます〈共〉のかたちをとるようになっている」（Negri & Hardt 2017=2022: 378）といった事態の裡に象徴的にあらわれている。ネグリらのいう〈共〉はある種の「共通の場《コモンズ》」につながる土台を形成しているが、それが上からのまなざし、つまり、コモン・ゲイズにさらされているというのである。

ネグリらの指摘を俟つまでもなく、〈公〉から〈共〉へのシフト・チェンジは、ポストフォーディズムのもとで新自由主義／「脱国家」が臨界局面に達し、ある種の「共同体主義」への志向を強めていることのあらわれである。換言するなら、直接的な「共に‐ある」社会的相互作用のパタンに新しい形の社交性を読み取り、それを取り込もうとする資本主義的生産様式の強靭さを示しているといえるかもしれない。

こうした〈公〉から〈共〉へのシフト・チェンジは、社会のすみずみにまで及んでいる。ここでは、東日本大震災の原発事故被災地で立ちあらわれた、第11章の第2節でも取り上げたFサロンを事例にして、上述のコモン・ゲイズのありようについて検討してみよう。

筆者がこのサロンにおいて特に注目したのは、日常のお茶会、趣味のサークル、小さな催しなどに参加した者が、仲間うちの「元あるコミュニティ」の「国策自治会」(国の指示で組織された行政主導の仮設住宅の自治会)に動員されるのではなく、多様なアイデンティティをつきあわせながら、フェイス・トゥ・フェイスの相互行為を通して、自己の立ち位置を確認していることであった。そこでは矛盾をはらみつつ異なる他者とゆるやかにつながることで、具体的な他者の生への配慮(=思いやり/「気づき」)にもとづく関係性ができあがり、ある種の集合性へと発展している。まさに並び合い、交わり合い、結び合う多種多様なつながりがどこからともなく現れ、リゾーム状に広がっていくといった「創発」特性が物の見事に立ちあらわれている。しかしその後旧行政区ごとに一律に活動支援をおこなう絆補助金制度[2]が町によって制定されると、サロンはそれにすっかりからめとられ、その自律性の基盤を喪失してしまった。

こんにち、こうした上からのコモン・ゲイズは挙げればきりがないが、それがモビリティーズ・パラダイムに引き寄せて都市社会学の脱構築および再構築をめざす際に大きな論点となっていることはまちがいない。もちろん、そうした上からのコモン・ゲイズの浸透によって、みてきたような「創発」の機制、そしてその基層で息づいている「間＝あいだ」のダイナミクスとフレキシビリティがことごとく減耗してしまうわけではない。当面、それをどうとらえかえすかが鍵になるが、そのためには都市社会学がウォーラーステインのいう「脱＝社会科学」に共振しながら、いわば外に開かれたディシプリンをめざすことが避けられない。

これまで、都市社会学は独自の対象と方法論をもつディシプリンとしての社会学の応用領域の一つ（one of them）であり、同じように内に閉じられたディシプリンの応用領域としての都市経済学、都市政治学、都市人類学などと横並びにあるものとされてきた。

ウォーラーステインのいう「脱＝社会科学」は、そうした内に閉じられたディシプリンの〈総合〉としての社会科学にたいして、変転し、くれ惑う社会に適合し得なくなっているとしておこなわれた解体宣言であったといえる。「脱＝社会科学」の下では、都市社会学はア・プリオリに社会学に帰属するのではなくむしろ、都市経済学や都市政治学などと自由にインターフェースする、文字通りボーダー・サイエンスの一つであるアーバン・スタディーズとしてである。〈共〉の「現在性」について何らかの認識を示さないかぎり、その脱構築および再構築の方向は見いだせない。

そしてそうであればこそ、現にあるモビリティーズの非線形的な動態に立ち戻って、そこに抱合されている、人びとが「語り合い」、「聞き合い」、「触れ合い」を通して「相互に関係をもつ」ことの意味と可能性をいま一度問う必要がある。なぜなら、〈共〉はいまのところ、経験的世界では十分に可視化されたものになっていないからである。少なくとも、前掲のネグリとハートが「人びとが私的所有と公的所有の両方から〈共〉を守るために闘っている」(Negri & Hardt 2017=2022) と指摘するような状態は「見えるもの」にはなっていない。

次章では、分岐と裂開が深く刻み込まれたトランジション・シティの「いま・ここ」と「これから」を観ながら、その水面下でうずまく上からのコモン・ゲイズとそれと向き合う多元的な移ろいつつある生活の諸相を浮き彫りにしたい。こうした〈共〉の「見える化」によって、こんにち、都市がすぐれて黙示録としてあることがあきらかになる。それを一言で表すと、「見えるもの」「できないもの」の背後に「見えないもの」「できるもの」が広がり、そうしたものとの相互互換＝反転／転回が主テーマとなるような都市のことである。こうした都市にたいして、「現前と不在」という二分法の設定は有効ではない。黙示録としての都市はもともとアーリがいう「循環的実体」としての都市の性格のものであり、既述した「二つの時間、二つの空間」が湾曲、拡張、そして圧縮されて立ちあらわれたものである (Urry

2007=2015: 75）。後述するように、この黙示録の性格をひもとくことによって、都市社会学の脱構築（から再構築）への道筋を考察するためのひとつの文脈、あるいはカテゴリー化の機会が得られることが期待される。

注

（1）ちなみに、ネグリらは、〈共〉は「共に‐あること」であり、持つことではないと、以下のように言述している（Negri & Hardt 2017=2022: 150）。

〈共《コモン》〉における主体性は、所有にではなく、他者との、そして他者に開かれた相互作用に基礎を置いている。主体性は所有によってではなく存在によって、あるいはより適切には、共同存在、共同行為、共同創造によって定義されるのである。主体性そのものが社会的協働から生じるのだ。

（2）イチエフ（福島第一原子力発電所）のお膝元である大熊町で、二〇一五年四月に、「行政区の存続と絆維持を図る」ことを目的として設けられたもの。これによって、二〇一八年三月三一日までの三年間、各行政区にたいして予算の範囲内で補助金を交付することになった。絆補助金制度は「絆＝交流」を前面にかかげて立ち上げられたが、実際には形骸化する行政区の再編という要素が強かった。全人口の九六パーセントが帰還困難区域の住民で被災世帯が全国に散らばるなかで、行政区の存立基盤が大きくゆらぐことになった。そこで行政区再編を上からのコミュニティ形成という枠組みでおこなうとする制度として発足した（吉原 2021）。

第14章

トランジション・シティの「いま・ここ」と「これから」(1)——その諸相

1　トランジション・シティの方位

繰り返しになるが、これまでモビリティーズ・パラダイムについて述べてきたことを踏まえると、トランジション・シティ（推移する都市）は、まぎれもなく「既知の未知」（known unknowns）から「未知の未知」（unknown unknowns）への転換期＝移行期にあって、両者を非線形的につなぐ、メディエーションの機能を有する「移動複合体」としてあるといえる。そしてコンテクストとしてのグローバル化とデジタル化が、それを規定し同時に制約する要因となっている。何よりもグローバル化と国民国家の関係が、マクロな政策《ストラテジー》の変更と「マイクロな生活」の見直しのなかで従来のような継起的な枠組みで説明できなくなった。

ちなみに、グローバル化をどうとらえるかをめぐって、マンフレッド・スティーガーとマルクス・ガブリエルとの間で興味深いが周回遅れの議論が交わされている。まずスティーガーは、人の移動はたしかに停滞しているようにみえるが、それはグローバル化の終わりではなくむしろ、「多次元的な社会的過程に入っている」と主張している（Steger 2009=2010）。それにたいして、ガブリエルは、パンデミックとともにグローバルサプライチェーンがゆらぎ、再び国民国家が復活している、と述べている（ガブリエル 2020）。そこでは、情報の高速かつボーダレスなフローをどうとらえるかが一つの鍵になっているが、先にみたアーリの「グローカル・アトラクタ」の議論はこうしたグローバル化をめぐる議論をより複雑なものにしている。[1]

他方、もうひとつの規定・制約要因としてのデジタル化についてみてみると、いわゆるデジタル・トランスフォーメーションが社会全域を覆うなかで、その両義性がよりあらわになっている。それはごく簡潔にいうと、一方でパノプティコンの進化系としての「コロノプティコン」化（*The Economist*, March 28, 2020）が、そして他方で新しい「コネクティッドなもの」の形成がみられるということである。その両義性には、「社会から見る目」と「個人から見る目」がいわゆる制約と解放をめぐって相克するとともに、「社会／社会的なもの」の多義性[2]が複雑にからまっている。

さてグローバル化とデジタル化の「いま」をめぐる議論をさしあたり以上のようにとらえ

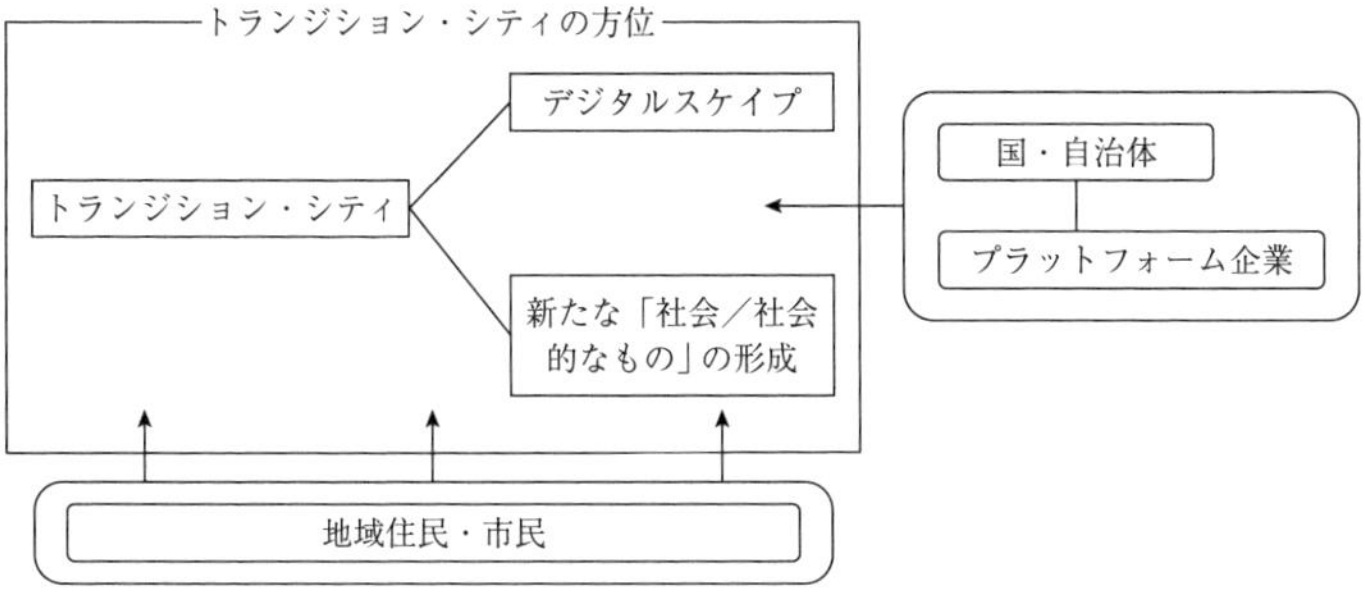

図14－1　デジタル・スケイプと新たな「社会／社会的なもの」（筆者作成）

ると、当然のことながら、トランジション・シティにたいして複数のまなざしが向けられるのは避けられない。ここではそうしたなかで、とりわけ「空間の構築か価値の転換か」というのが最大の争点になっていること、そしてそれがトランジション・シティの方位を決定づけるものになっていることを確認しておきたい。

ちなみに、トランジション・シティの方位は図14－1においてみられるように、効率と機能本位の、画一的なデザインによるデジタル・スケイプの構築とあらたな「社会／社会的なもの」の形成とに分岐しているが、実際のところは両者は共振している。この点を少しわかりやすく説明してみよう。

デジタル化はまずデジタル・スケイプ、すなわち小型で無人の媒体とかプラットフォームなどからなる地景をもたらす。その際、促迫要因となっているのは、前章の第2節で概観した、公的主体の変容と相俟ってみられる、〈公〉（＝再公営化）から〈共〉へのシフト・チェンジ、すなわち公的主体、プラットフォーム企業の〈共〉へのまなざし、すなわち「上から」のコモン・ゲイズの強化である。同時に、デジタル化は、そうした動向とともに「共に-あること」や〈共〉への認識の高まりと並進するかたちで、新しい社会的生、社会的労働の形成をうながしている。それは、ネグリとハートが示唆していることでもあるが（前章第2節参照）、そこでは新しい「コネクティッドなもの」の形成、そしてアサンブラージュ、アフォーダンス、アーティキュレーション、アクターネットワークなどの社会的創発の立ち上がりがみられる。その結果、オンラインで人と人をつなぎ、生存のための産業と環境を共有する「コモンズ＝共通の場」の形成がすすむ（図14-2参照）。

さらに、そうした「コモンズ＝共通の場」を土台にして、社会的弱者の社会的過程（〈共〉＝コモンズ）への包摂《インクルージョン》が可能になり、データの専横的な一人歩きとそれによって人びとがディスポーザルな（使い捨てられた）状態に追いやられることを回避できるようになる。結局のところ、都市全体の「脆弱性」が大きく縮減されるのである。そのことは、視点を変えると、トランジション・シティが「コモンズ」＝「シティネス（都市性）」というコンテクストにおいて多様性、複雑性、曖昧性を担保しうることを意味している。

しかしみてきたような新しい社会的生、新しい社会的労働の形は初発の段階にとどまっており、むしろ上からのコモン・ゲイズにさらされてトランジション・シティの明確な方位を

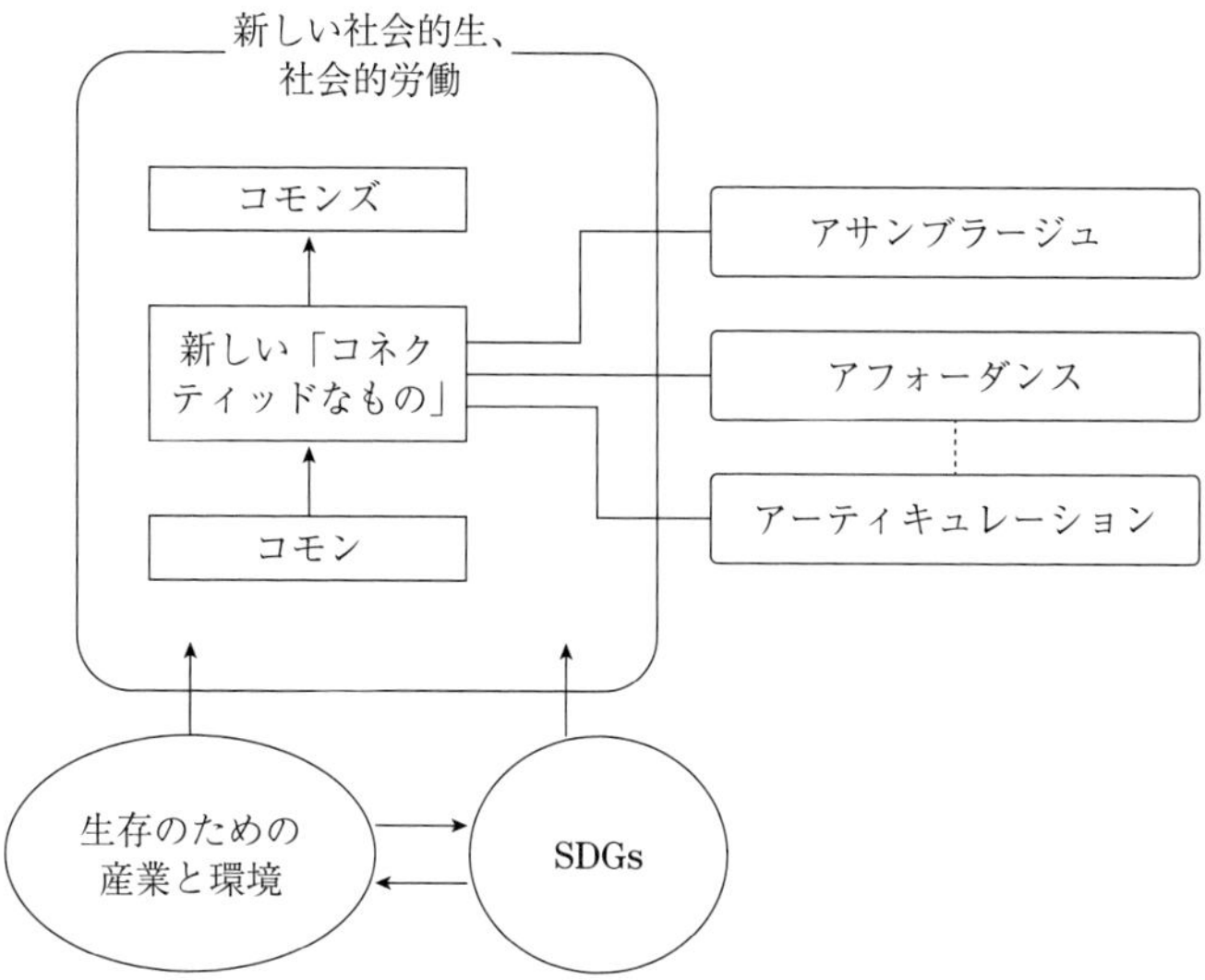

※アサンブラージュ：システムを構築する諸要素の属性やアイデンティティが関係しあいながら創発的な形で実現されること。
アフォーダンス：人と物との間に存在する「個の総和」にとどまらない関係性のこと。
アーティキュレーション（節合）：ある一つの主体が特権的主体としてあるのではなく、諸主体がおのおののアイデンティティを変容させながら、諸要素のあいだの関係をうちたてること。

図14－2　新しい社会的生、社会的労働の布置連関（筆者作成）

示すものとはなっていない。その点では、すぐれて「生活の共同」次元から派生する「地元の知《ローカルナレッジ》」のサステイナブルな「生存の知」への変換とそれに定礎するイノベーションの展開を軸とするソフトパワーの強化、ならびに多核的な社会的世界の達成によって持続可能でレジリエントな都市を志向するクリエイティヴ・シティ（創造都市）の再審は不可欠である（笹島 2023）。場合によっては、「未知の未知」への道筋において、こうしたクリエイティヴ・シティに差異を認識しつつ重ね合せてみることも必要なのかもしれない。

2　オートモビリティーズの世界と歩行者都市

このところ、空飛ぶクルマ（図14－3）がモビリティーズをめぐる一大トピックになっている。そしてそれとともに、いわゆる「制御」と「移動」が一体になっているオートモビリティーズの世界をどうとらえかえすかがモビリティーズ・パラダイムの主要なテーマの一つになっている。この場合、キーコンセプトとなるのは「移動複合体」である。それは既に述べたことの繰り返しであるが、以下の状態から立ちあらわれたものである（Urry 2007=2015: 290）。

世界中をめぐる移動のスケール、目下作動している移動システムの多様性、自己展開する自動車移動システムとその恐るべきリスクの格段の重要性、身体の動きと通信の入り組んだ相互連結、国民社会を飛び越えて進む移動領野の発展、現代の統治心性にとっての移動の重要性、人びとの生活の社会的、感情的側面において見られる多元的な移動の重要性の高まり。

図14－3　空飛ぶクルマのイメージ画像（経済産業省ウェブサイト https://www.meti.go.jp/policy/mono_info_service/mono/robot/aam_eng.html より）

こうした「移動複合体」においてとりわけ重視されているのは、いわゆるフォーディズムからポストフォーディズムにおいて一貫してみられる生産様式の下で立ちあらわれ、生活の個人化を極限にまでおしすすめ前例のない人類の自立性を謳いあげたオートモビリティーズである。それは二〇世紀後半のイコンとなった。

ところでオートモビリティーズは通常、自動車移動ととらえられがちであるが、マイク・フェザーストンによれば、それはもともと二重の含意《コノテーション》、すなわちオート（auto）＝「自律的な人間」とモビリティ＝移動能力からなる。そして「自由な移動の感覚、開けた道路の魅力、新しい経験への期待」に誘うものであり、「物質的」な移動とは異なる、という（Featherstone 2005=2010: 2, 23）。あえて指摘するなら、ティム・ダントが言うように、ひとつのモノでもひとりの人間でもない、むしろ両者の特性を併せもった「社会的存在」なのである（Dant 2005=2010）。それ自体、高度のフレキシビリティとハイブリディティを兼ね備えており、コミュニケーション・メディアのプラットフォームとしても機能している。

いずれにせよ、「複合的構成＝集合体」としてのオートモビリティーズは、定住主義（セダンタリズム）の相対化を誘う自己組織的《オートポイエティック》な非線形的システムとしてあり、（前提／結果としての）ソフトウェアによる制御が主軸をなしている点に最大の特徴がある。

ところで、流動的な相互連関のシステムであるオートモビリティは、ソフトウェアによる制御がもたらす「私的な心地よい空間」を広げ、運転者の運転作業からの解放をうながす一方で、自動車のソフトウェア環境の影響力が増大するなかで、ソフトウェアシステムそのものへの過剰な依存を推し進める。その結果、監視機能の強化をまねき、パノプティコン型のロジックにからめとられた、「人間の自由」の「不自由化」が進展する。前掲のフェザーストンはこの点に関連して次のように述べている（Featherstone et al. 2005=2010: 30）。

自動－操縦《オート・パイロット》の乗物としてのソフトウェア制御による自動車への移行……が示唆するのは、運転者は、電子制御装置のスイッチを切って自分の手で運転することが不可能になるだろうということだ。自動車は非人間化され、運転者は不在となり、交通のマスタープログラマーにより命じられたリズムにしたがいながら、電子的知覚をそなえる道路を移動することとなる。

こうして、先に言及したオートモビリティーズの二重のコノテーションの瓦解があきらかになる。フェザーストンからみれば、それは「オートの意味のひとつ——好きな時間に、好きな場所へ、好きな方法で運転することの自律性——の終焉」であり、「自由な移動の感覚、開けた道路の魅力、新しい経験への期待」からなるカースケイプの崩壊を意味している(ibid.: 30, 23)。それはある意味で、オートモビリティーズの世界が内包しているゆらぎを示しているわけだが、ここでより注目したいのは、そうした自律性の終焉やカースケイプの崩壊以上に、あるいはそれと互換するような形で「電子データの海」としての都市空間が社会の前景に立ちあらわれていることである。そこでは、ＡＩや人間工学的設計に裏打ちされた自動制御システムが主軸をなすソフトウェア環境によるサーベイランス体制にすっかり組み込まれ、またデジタルな「出会い」がコミュニケーション環境において中心的な役割を果たし、つまるところ身体性の消滅へと導いているゆえに、都市空間が単なる「移動の関数」もしくは「ひとつの情報」になってしまっている。

しかしそうした都市空間に身を置くということは、「テクノロジーのうちに住まう」ことであり、自動車を介して人間が日常生活のなかで「あらたなテクノロジー」に出会うことをも意味している。そしてそれはオートモビリティーズの世界と必ずしも同形的に語れることではないが、人びとにたいして多様で持続的な共生／共存する方法をもたらすオルタナティヴな過程につながる可能性がある。

そうした可能性を追求するうえで格好の素材になるのが空飛ぶクルマである。空飛ぶクルマはいまのところ本格的な実装化の段階には至っていないが、ポストオートモビリティーズの世界への先導役を果たすのではないかという論議が広がっている。そしてそれとともに、〈希望〉のカースケイプをもたらすのではないかという期待感が高まっている。

とすれば、いま何よりも問われるのは、オートモビリティーズからポストオートモビリティーズへの連続と非連続の地平をどうとらえるかという点である。その場合、鍵となるのは、あらたな「流動的な相互連関のシステム」＝「複合的構成＝集合体」の可能性を、〈共〉のいい現在性《プレゼンス》という地点から追求することである。そのためには、諸物（AIを含めて）の連関のなかで無数のアクター／ステイクホルダーが出現し、相互に呼び出し呼び戻し、連鎖していく様態をあきらかにすることがもとめられる。ここでもまた、「コネクティッドなもの」の再検証が最重要課題として浮上してくるのである。

それは空飛ぶクルマの社会実装にたいする評価が多義性を帯びている現状を踏まえたうえで、デジタル・トランスフォーメーションがカースケイプにおよぼす影響を、ハイブリディティの面からだけでなく、コミュニケーション環境の面からもとらえることの重要性、さらに空飛ぶクルマにたいして人びとが抱く「あたらしい経験への期待」を、それにたいする不安[3]とともに両価的あるいは再帰的に位置づける必要性を喚起することになる。

もっとも、ポストオートモビリティーズの世界は、いまだ「既知の未知」から「未知の未知」への途上にある。この点については、本章第5節で再度触れることにする。ここでは少し前に立ち戻って、オートモビリティーズの世界にあって、それを内破するような動きが出てきていることを指摘しておきたい。

ひとつは、ヨーロッパでフェザーストンがいうような、さまざまな信号装置が埋め込まれた「知的道路《インテリジェント・ロード》」(Featherstone 2005=2010: 17) を向こうにして、信号機を除去した「自転車にやさしい都市」が、オランダのドラハテンから始まってさまざまな都市にひろがっていることである(図14－4参照)。信号機の設置は本来、歩行者、荷車、自転車の間でみられた譲り合いを機械化することで交通事故を防ぐことにあった。ところが信号機を除去することで、

図14－4　オランダ・ドラハテンの環状交差点。車線区分線、信号機、標識、その他信号がすべて存在しない（https://nowiknow.com/driven-to-distraction/?_x_tr_sl&_x_tr_tl&_x_tr_hl より）

かえって交通事故が激減したのである。それには、信号機の除去によって「自動車運転手、自転車乗り、歩行者たちの知性、常識、注意深い観察」が促迫され、その結果「交通管理のための「共有された空間」」が形成されるようになったことが大きい、とジェームズ・C・スコットは言っている（Scott 2012=2017: 98）。

だから、そうした「自転車にやさしい都市」はポストオートモビリティーズに向けての一里塚を形成しているといえるが、他方でサービスとしてパッケージ化された移動を示すMaaS（Mobility as a Service）のような上からのより高度なソフトウェア装置を管理しようとする試みに容易に回収されてしまう惧れもある。「運転者に自動性《モティリティ》（自発的かつ独立的に動くことのできる能力）をアフォードする」（Dant 2005=2010: 102）とは簡単に言えないのである。ただ、ひとつの扉を開いていることは確かである。

興味深いことに、こうした「自転車にやさしい都市」が取り沙汰されるなかで、「住民による徒歩」を肯定する論議が広がっている。栗田治によれば、「最近の都市工学研究においては……住民の徒歩による移動距離を、むしろ積極的に評価し、それなりの距離を気持ちよく歩いてもらう都市構造を実現しよう、というアイデア」（栗田 2023: 263）が深まっているという。栗田はその背景として三点ほどあげている。それは、(1)車中心社会から人間中心社会への転換、(2)人口減少社会への対応としてのコンパクトな都市空間への転換、(3)医学的事実にもとづく徒歩中心社会というアイデアに立脚した新しい都市計画の潮流の台頭、である。これら三つの背景は相互に関連しているが、特に注目されるのは第一の背景である。栗田はそれについて次のように述べている（ibid.: 264）。

第一の背景は、これまでの都市計画が自動車の利便性を追求することを主眼に据えてきたことへの反省です。特に地方都市での過度な自動車利用が問題です。一つの世帯に複数の自動車が保有されるのも常であり、家族の各自が自動車で通勤し、自動車で買い物をし、自動車で人に会いにゆきます。これに徒歩空間の景観設計の貧困（つまり歩いていても楽しくない街並み）が重なる場合は、なおさらに徒歩移動の頻度が低くなります。実際に、多くの地方都市で、ほとんど人通りがなく自動車だけが行きかっている光景がよく見られます。こうした深刻な事態を反省し、都市空間を豊かな景観設計の下で心地よく歩き回れるものとして生まれ変わらせようというアイデアです。

とはいえ、ここでいう「住民による徒歩」を主軸とする都市計画＝都市空間設計も先の「自転車にやさしい都市」同様、容易に管理や監視へのベクトルへと反転する惧れがある。なぜなら、それは視覚的、一望監視的……な構築につきものの「幾何学的」、「地理学的」空間（Certeau 1980=1987）の延長線上にあり、その基底に伏在している線形的思考によって強く裏打ちされているからだ。したがって都市計画＝都市空間設計によってはぐくまれる再帰的主体、そして「共有された空間」は、線形的変化とは異なる新しい転換に導くような、別様のパタンからなる相互連関的な変化のなかで位置づけなおす必要がある。

これに関連して、スリフトは、ド・セルトーが『日常的実践のポイエティーク』のなかで、「都市を歩く」ことが「異なるアジェンダへと場所を開き、見たところ強固な社会システムのうちに一定の自由な遊びを生み出す」と指摘している点に言及している（Thrift 2005=2010: 67）。これは当のド・セルトーによれば、計画化され読みうる都市という明晰なテクストのなかにメタファー的な都市がしのび込むことを意味している（Certeau 1980=1987）。換言するなら、「都市を歩く」という日常的実践が上からの都市の表象にさらされながら多種多様なナラティヴをつくりあげるなかで、みられるような再帰的主体、そして「共有された空間」

がどこか他者であり続けているという形で存在しうることを示唆している。

　ここでの再帰的主体、そして共有された空間はある種の思い込みのようなものをともないつつ、「ひとつひとつの身体がほかのたくさんの身体の徴を刻みながら織りなしてゆく」（Thrift 2005=2010: 65）という点に最大の特徴がある。それは、まるで既述した「共に‐あること」の原型をあらわす暗喩《メタファー》のようなものとしてあるといえよう。こう言うと振り出しにもどってしまったような気がするが、要は、「既知の未知」から「未知の未知」への転換点においてオートモビリティーズの世界からポストオートモビリティーズの世界へと非線形的につないでいくような可能性をもつ、外に開かれた「異者性」（Thrift 2005=2010: 66）をどう析出するのか、そして実際にこれまでとは違ったパタンが起きているのかどうかを検証しなければならないのである。

　そうした問題設定において、空飛ぶクルマのありようが意外に大きな意味をもつ可能性がある。たしかに、それは今後都市生活を豊かにするというよりは、むしろおびやかす存在として知覚されることになるかもしれないが（この点は後述）、来るべきポストカースケイプを説明するうえで中核的な概念的枠組みになることは十分に予想される。そして空飛ぶクルマがこのさきどのようなスケイプをつくりだそうとも、それは社会的なもの、それゆえ関係的なものを紡ぎ続けるだろう。逆にその行く先が不透明であればあるほど、かえって流動的な相互連関システムにおいて一定の地歩を占めることになるだろうと思われる。

3　防災ガバナンスとデジタル・デバイド

先にトランジション・シティにおいて〈公〉（＝再公営化）から〈共〉へのシフト・チェンジが進んでいる、と指摘した（本章第1節）。その点で言うと、この動きがより加速してあらわれているのが以下に言及する防災領域である。

近年、人びとの間で地震／防災にたいする関心が高まっている。それには東日本大震災以降頻発する地震に加えて、政府の地震想定をめぐる情報開示が大きく作用している。ちなみに、内閣府は二〇一七年一月時点で、近い将来、発生の危険性が指摘されている大規模地震として、南海トラフ地震、日本海溝・千島海溝周辺海溝型地震、首都直下地震、中部圏・近畿圏直下地震を挙げている。そして首都直下地震については、首都中枢機能への影響が懸念されるとしている（https://www.bousai.go.jp/jishin/）。

それでは、当の東京ではどのような防災対策がとられているのであろうか。「東京防災プラン２０２１」（計画期間：二〇二一―二〇二三年度）（図14－5）では、「「自助」、「共助」の担い手である都民や地域、企業等の理解と協力、「公助」を担う都が一体となって、本プランに掲げる取組を推進することで、安全・安心な東京の実現を目指すこと」および「防災分野におけるＤＸの推進や、感染症と自然災害との複合災害、近年の災害の教訓等を踏まえた新たな対策を取り入れ、地震や風水害・火山噴火等の防災対策を充実・強化していくこと」を策定の目的として掲げ、地域や災害ごとの「発災時を想定したシナリオ」と発災時に懸念される事態（リスク）にたいする自助、共助、公助の「行うべき具体的取組」と工程をあきらかにしている（https://www.bousai.metro.tokyo.lg.jp/taisaku/torikumi/1000061/1013021.html）。一見委曲を尽くしているようにみえるが、総花的であるという印象は拭えず、プランの基調をなすものがよくつかめない。

しかしこの点は、東京都知事政務担当特別秘書の宮地美陽子の『首都防衛』を読めば、ある程度理解できる。同書では、首都直下地震の発生が首都機能に壊滅的なダメージを与えるだけでなく、南海トラフ地震と連動したり、あるいは日本を取り巻く地政学的な環境が悪化したりすると、国家の存立が危ぶまれる事態に陥る可能性がある、という。だから宮地にとって首都直下地震はまさに「有事」そのものであり、だからそれへの備え

図14－5　東京防災プラン2021

は「首都防衛」につながるのである（宮地 2023）。

　考えてみれば、こうした動きの伏線は、自主防災組織が災害対策基本法第五条第二項で地方自治体に設置義務が課せられた時点（二〇〇七年六月）で既にできていたといえる。なぜなら、二〇〇四年制定の国民保護法制において実質的に市民防衛《シビルディフェンス》組織として位置づけられ急速に広がっていったからだ。首都防衛はこうした市民防衛の延長線上にある。とはいえ、市民防衛の担い手はコミュニティ（町内会自治会）であるのにたいして、「首都防衛」の担い手は杳《よう》としてあきらかでない。ただ、「東京防災プラン２０２１」に立ち戻って考えてみると、どうやら「自助」、「共助」そして「公助」に託されているようにみえる。としてみれば、あらためて〈自〉〈共〉〈公〉の領域をどうとらえるか、またそのうえで三つの領域が相互にどう関連しているかをあきらかにする必要がある。

　この場合、第一の点については、「東京防災プラン２０２１」の文字にそもそもみられるように〈自〉〈共〉の弁別がなされておらず、都民、地域（コミュニティ）、企業等が一体として位置づけられている。すなわち〈自〉〈共〉〈公〉の三者の「間」が明確でないのである。そしてこのことが、第二の点をきわめて曖昧なものにしている。ここであらためて想起されるのは、「新しい公共」と「防災ガバナンス」という考え方（概念枠組み）である。もっとも、いずれもいまや言い尽くされた感じがしないわけでない。そこでここでは、簡単に言及するにとどめる。まず「新しい公共」であるが、筆者自身、その担い手であるボランティアに照準をあてて、以前次のように述べたことがある（吉原 2011: 120）。

「新しい公共」の担い手として……ボランティアは、市民・地域住民が防災に関して自己決定の領域を広げていくのを支援するだけでなく、その専門性を活かして行政との相互浸透も深めている。とりわけ減災および復興に実際にかかわってきたボランティアの場合、地方公共団体が減災施策および復興施策と一体化した防災施策を打ちたてるにあたって中心的な役割をになうことも少なくない。また広義のボランティアの一環をなす企業の場合も、いわゆるＣＳＲ（企業の社会的責任）という形で市民・地域住民および行政との結びつきを強めている。さて以上のような役割を担うことによってボランティアに期待されるのは、市民・地域住民と行政を有機的につなげることである。この間しばしば指摘されてきたことは、「公」と「私」の間に生じた「すきま」である。ボランティアにはこの「すきま」を埋める……「新しい公共」の担い手として市民・地域住民の自律的な活動を支援し、また行政はといえば、自らの責務としてそのようなボランティアの支援活動をささえることが義務づけられている。

しかし実際のところは、指摘されるようなボランティアを担い手とする「新しい公共」(市民・地域住民、ボランティア、行政の間の共働《コラボレーション》)は、行政のコントロールだけが目立つ、いわゆる官主導(いわゆるガバメント)のものになりがちである。

次に言及する「防災ガバナンス」は、一見それに方向転換を迫っているようにみえるが、結果的に官主導をより強めることになっている。そこで、「防災ガバナンス」に目を移すことにしよう。

4　ゆらぐ防災ガバナンス

筆者は、かつて「防災ガバナンス」について以下のように言及した。つまり、「防災ガバナンス」とは、「地方公共団体、地域コミュニティ、NGO/NPO、企業、地域団体、諸個人など、地域を構成する諸主体が防災というイッシューをめぐって織り成す多様な組合せの総体――対立、妥協、連携からなる重層的な制度編成」のことである(吉原 2011: 116)。

このように定式化すると、先に取り上げた「東京防災プラン2021」の中心概念となっている「自助」「共助」「公助」を先取りしているようにみえるし、上述の「新しい公共」をより推敲《バージョンアップ》しているようにもみえる。実際、多くの自治体の防災施策で「防災ガバナンス」が位置づけられる場合、いうなれば「旧来のガバメント（統治）によるトップダウンの〈統制〉とか市場を介しての私化された関係による〈調整〉」（吉原 2011: 116）に回収されないことが強調されている。それ自体、きわめて定型的な「防災ガバナンス」の取り込みであるといえるが、上述の定式化から推察されるように、「防災ガバナンス」がそもそも複数の構成要素（アクター）が合流するところに起点を有し、たえず状況依存的に存続し、それゆえ常に再編途上／生成（becoming）の工程にある制度編成であることを踏まえる必要がある。そのうえで、第11章で言及したアーティキュレーションの機制に重ね合わせてみると、「防災ガバナンス」のあらたな「かたち」がみえてくる。

ここで、示差的なステイクホルダー（利害関係者）である地域を構成する諸アクターが、一方でせめぎあい、他方で交渉するといった動的関係を維持しながら、非強制的で脱都合のいい集合的実践を積み上げる点に「防災ガバナンス」の本領があるとすれば、「防災ガバナンス」は実はみてきたようなアーティキュレーションから立ちあらわれる創発態であるといえる。つまり、ヒト、モノ、コトの多重的で複合的な結びつき（それ自体、「拡がりのある時間」「関係性にもとづく空間」に根ざしている）からはじまり、開放性と異質性をあわせ持ちながら立ちあがる非線形的でリゾーム状の集列ネットワークであることがわかる。

もっとも、「防災ガバナンス」、とりわけそこでの共働の「かたち」の実態はさまざまであり、防災をめぐって人びとのセーフティネットを構築する機能の遂行とか、自己決定の主体としての市民・地域住民の力能アップなどに必ずしもつながっているわけではない。むしろ新自由主義的な舵取りが強まるなかで、いわれるような共働が市民・地域住民による行政責任の肩代わり（＝分有）という形ですすんでいる。またそれと共振しながら既述した〈公〉から〈共〉へのシフト・チェンジが進んでいるのが現実であろう。こうして結果的に「上からの組織化」により適合するものになっている。皮肉なことに、「防災ガバナンス」はそうした「上からの組織化」の写し鏡なのである。

注

（1）ちょうど世紀転換期の二〇〇〇年前後に、グローバル化に関する議論が活況を呈するようになり、後にエットーレ・レッキとオーロル・フリポが「グローバル化の意味のインフレ」と揶揄するような状態が生まれた（**Recchi and Flipo 2019**）。実際、デイヴィッド・ヘルドらによると、グローバル化をめぐる百花繚乱の議論のなかで、その影響の側面に限定して、かろうじて三つの流れ、すなわちグローバル資本主義、グローバル・ガバナンス、世界市民社会論に照準する超世界論、世界の相互依存の縮小に照準する懐疑論、そして「厚い」グローバル化とナショナルな政府権力の再構成に照準する変化論に整序するのが可能であると述べている（**Held et al. 2000=2002**）。しかしグローカル化の深まりとパンデミックの非線形的な広がりとともに、こうした整序もリアリティを喪失してしまっている。

い。なお、近年のグローバリゼーション・スタディーズの動向については、伊豫谷（2021）を参照された

（2）ここで興味深いのは、イギリスの元首相であるボリス・ジョンソンが新型コロナに罹患し生還した経験を踏まえて、「社会などというものは存在しない」というマーガレット・サッチャーの有名なせりふをもじって「社会というものはたしかにある」と言明したことである。新自由主義的なグローバル化の進展によって一度は後景に退いた「社会／社会的なもの」が、再公営化の動きとともによみがえってきたのである。

（3）不安は期待と表裏の関係にある。しかし多くの人びとが背後にうごめく過剰な技術中心主義と効用至上論にある種の胡散臭さを感じていることはたしかである。また関連する論壇において、メリットかデメリットかというシンプルな二者択一論が幅を利かせていることにリアリティを感じないという議論もある。いずれにせよ、その実現可能性を含めて、空飛ぶクルマがどこからきてどこに行こうとしているのかがよく見えてこないのである。

＊本章の第2節は、二〇二三年三月一四日に一橋講堂で開催された九州大学シンポジウム「「空飛ぶクルマ」の社会実装における「社会受容」「社会受容性」――「モビリティーズ」の観点から」における筆者の基調講演「ポスト・オートモビリティとカースケイプ」の一部を、また第4節は、二〇二二年一二月四日に宇都宮大学で開催された日本都市計画学会大会ワークショップ「感染症にもレジリエントな未来の都市像」における筆者の招待講演「ポストコロナ時代におけるレジリエントなトランジション・シティをどう描くか」の一部を、要約的に再構成したものである。

第15章

トランジション・シティの「いま・ここ」と「これから」(2)

——デジタル化の光と影

1　デジタル・デバイドのゆくえ

それでは、どうすればこのようなガバメントに丸ごと包摂されている状況から抜け出し、先にみた創発型ガバナンスの実質を獲得できるのだろうか。この点に関連して、田島英一が「協働体主義」という興味深い議論をおこなっている。そこで基軸に据えられている「協働体」は当事者主権／主体をはぐくむコンテナー（容器）としてあり、「新しい中間領域」としてある。それは「個々の文脈から出発しつつも、変容に対して開かれてい」て「決して「合意」をめざすわけではない」、いわば非領域としての多元的な「市民社会」である（田島 2009）。田島のいう「新しい中間領域」と既述した「公」と「私」のすきまは似て非なるものである。それは集合的主体／関係的主体を不断にはぐくみ、それらの自己転回をうながすものであるから「上からの組織化」には容易に馴致しない。とはいえ、そこには新しい課題がひそんでいる。

こんにち、災害／復興の現場においてデジタル情報のもつ意義が格段に高まっており、先の「東京防災プラン2021」でも「情報アクセシビリティの向上」が強く謳われている。いまさら指摘するまでもないが、災害／復興時の情報の発信、共有において、とくにSNSが中心的な役割を果たすようになっている。近時の大震災では、X（旧ツイッター）の有効活用がことのほか取り沙汰された。被災地域の自治体アカウントからの投稿が幾何級数的に増加したことも記憶にあたらしい。山口真一によれば、こうした事態は「人類総メディア時代」に突入したことを示す証であり、そこに以下に指摘されるようなアテンション・エコノミーの拡大を読み取ることができる、という（『朝日新聞』二〇二四年三月一五日）。

アテンション・エコノミーとは、情報の質よりも人々の関心を集めることが重視される「関心経済」を意味している。情報の量が膨大になり、すべてを消費することが不可能な現代において、人々の注意を引きつけ、その関心や注目が経済的価値を持ち、交換財となる概念である。

問題は、こうしたアテンション・エコノミーが災害／復興デジタル情報の受発信においてきわめて重要な因子となり、自治体以上にプラットフォーム企業の占める位置が高まっていることである。同時に人びとの間でデジタル情報へのアクセスをめぐる差異が広がっていることが指摘される。つまり、デジタル化が進むにつれて、デジタル・デバイド（格差）が深まり、いわゆる「災害強者」と「災害弱者」の距離が広がっている。しかしそれは、非対称の準階層構成《クアジ・クラス》として立ちあらわれているのではない。それは社会が意図せざる結果として生み出したものであるが、一定の方向には向かわない「選民」として、ときとしてある種のハンディをともなった者として、またときとしてフットワークの軽い者として登場している。そうした形で通常とは異なる新しい分水嶺が刻まれている（この点は後述）。

ところが、施策の現場では、スケジュール至上主義と技術主義がはびこり、こうしたデジタル・デバイドへの対策が後回しになっているのが現状である。結果として、ナオミ・クラインがかつて『ショック・ドクトリン』（Klein 2007=2011）で喝破した災害資本主義が、より屈折した形で継承されている。[1] 他方、R・ソルニットのいう「災害ユートピア」（Solnit 2009=2010）を深く取り込んでもいる。

しかしここで、「防災ガバナンス」を「新たなアプローチの方法／問題を問い込み、ビジョンを提示する方式……つまり制度設計／構想の思想」（吉原 2008: 112）としてとらえかえしてみると、上述のデジタル・デバイドは、「防災ガバナンス」の足下を掘り崩していると考えられる。換言するならば、「ガバメント」にひそむ官治的な体質がデジタル・デバイドによってうながされ、災害／復興施策の溢路を前景化させている。この点は、トランジション・シティにおける〈公〉→〈共〉という流れに則して、再検討する必要があろう。

2　パンデミックと移動管理——抑圧的かつフレキシブルな社会的過程

グローバル化の進展とともにみられたヒト、モノ、コトの移動は、一つには線形的なものから非線形的なものへの移動としてあった。そしてパンデミックはそうしたモビリティ・シフトをなぞらえるかのようにして今日に至っている。しかもパンデミックは、第二、第三、第四、……と続くことが予想されており、複雑性、非線形性はいっそう増大するだろうと言われている。その意味ではこの間目撃されてきたパンデミックは、ますます多面的なものになっている「グローバル化」と同義である。そのうえで指摘したいのは、そうしたパンデミックがデジタルを抜きにして考えられないことである。換言するなら、パンデミックに占めるデジタル技術の比重が格段に大きくなっているのである。

ところでパンデミックにともなうデジタル化は、それに特有のデジタル・スケイプ、すな

写真15－1　2020年1月、封鎖された武漢（写真：AP／アフロ）

わち移動監視技術によって管理され、都市が無人の媒体やプラットフォームからなる地景をもたらした。わたしたちの記憶の新しいところでは、ＩＣＴを高度に駆使し、パンデミックを封じ込めた「疫病都市」武漢および台湾全土でみられた地景が取り上げられる。

なお、ここであえて付言しておきたいのは、とりわけ先の「ハンディキャップ層」とかフットワークが軽いなどと目される人びとの間から、ポストコロナの監視空間に積極的に向き合うような動き《ビヘイビア》が見られるようになっていることである。たとえば、コロナパンデミックとともに世界に先がけて自己点検と相互監視にもとづくインターネット空間を構築したいまの中国で、これに前向きに呼応するような動きが拡がっているという。近年の新聞報道では、そうした動きを個人を抑圧するサーベイランス空間の物語ではなく、むしろ効率性と利便性をもとめる自己実現の空間を示すものとして伝えている（『朝日新聞』二〇二四年六月一〇日）。ある意味でこうした動きは諸個人の身体（感覚）を丸ごととらえる生政治の進展を示すものであると言えるが、同時にそれはもはや感染症の拡大にともなう特殊な事態としてとらえきれないことを告げている。

やや回りくどい表現になるが、ここであらためて確認しておきたいのは、そうした事態の進展の裡に既述した「間＝あいだ」の機制が存在しているという点である。そこでは「境界が……あらかじめ存在するのではなく」そこから「生成が起り続け」、「創発」のダイナミズムを伝える水源となっていることがわかる（Haraway 1991=2000）。

さて、再び本論に立ち戻ろう。パンデミックの初期に「ステイホーム、ステイセーフ（家にいて、安全にすごして）」というスローガンとともに広がった在宅リモートワーク、オンラインショッピング、オンライン学習は、新しい「働き方」、「ライフスタイル」の進化系をあらわすデジタル・スケイプ／地景を示すものと見なされた。つまり、勤務体制や働き方の転換をうながし、生産者と消費者を直接つなげる消費様式を生み出し、さらに自己学習の機会を広げる可能性をもたらすだろうと言われた（『日本経済新聞』二〇二〇年六月二二日）。しかし他方では、従来の都市内分業体制を再生産し再強化するだけであるとも言われた。

いずれの場合も、都心部において価値を創造し意思決定にかかわるクリエイト業務、在宅テレワークを中心とする標準化されたホワイトカラー業務、そしてそれらの間をつなぐエッセンシャル業務の三層からなる部門編成が視野に収められたが、前者の議論ではそれが有機的につながる側面、そして後者の議論では分立する側面が強調された。またその点では既存社会の「ヴァルネラビリティ」がより露わになっていると主張されがちであったが、それも程度の問題であった。たしかに、一見、評価軸が大きく乖離しているように見えながら、両者ともに、指摘されるようなデジタル・スケイプの足下で「社会的振り分け《ソーシャル・ソーティング》」（Lyon 2022=2022: 133）や選別化や落層化や社会的排除が進展し、その結果おびただしい数の「中心」にも「周辺」にも、あるいはその「はざま」にも容易に収まらない人たちが生み出されていることを認めていた。

　実際、パンデミックの初期の頃には、商品・サービスの生産と流通に関連する「実体」部門・非金融部門におけるレジリエンス（回復）が損なわれ、大々的な景気後退が生じることによって、非熟練労働者を中心にして、生活基盤を喪失した「ハンディキャップ層」が続出したことはまぎれもない事実である。しかもこうした人たちがＩＴ格差、情報リテラシー格差の下に置かれていたこともよく知られている。

　もっとも、こうした「ハンディキャップ層」それ自体は、パンデミック以前のグローバル化の進展の下、新自由主義的な競争が激化するなかですでにあらわれていたものであり、したがって大筋として競争が今後どう変容するかによって規定されるところが大きい。とはいえ、最新鋭のデジタル技術に支えられたすさまじい監視社会化と社会的排除が進むなかで層としてつくり出されている現状は、リスクが「平等」でないことを示している。

そうした「ハンディキャップ層」の存在態様をさらに深く掘り下げていくと、当然のことながら監視文化の浸透につきあたらざるを得ない。この監視文化こそ、パンデミック初期に「コロノプティコン」と呼ばれたものであり、これまでのように視覚に依存するのではなく、データを介して拡がっている点にその特徴があるといわれた。そうした監視文化の裏面において、インフォデミック、すなわちSNSの普及にともない、真偽のほどが定かでない情報が広がるといった事態にさらされ、より窮地に立たされるようになった人が続出したこともよく知られている。

とはいえ、ここでより注目されるのは、指摘されるような監視文化が社会全体に拡がるなかで、プラットフォーム企業（たとえばグーグル）と国家の共働／協調体制が旧来のガバメントを形骸化するような形で進んでいることである。それは、これまで「生政治的《バイオポリティカル》」という修飾語で語られることの多かった微視的権力が別の形で存続していることを示しており、しかも前節でみた「防災ガバナンス」の底流をなしているものと共進している。同時に、その場合高度に抑圧的でありながら、そこに全面的に解消できないようなフレキシブルな社会的過程が部分的にはぐくまれていることも観て取ることができる。

3　デジタル化とコモンへのまなざし

さて、ここまではコロノプティコン（これはコロナ禍に限った現象ではない）という形で移動をめぐって生じている社会的過程をごく簡単にみてきたわけだが、その黙示するもの／「見えないもの」に視点を移すと、トランジション・シティの「これから」につながるもうひとつの社会的過程が浮かび上がってくる。それはいうなればアーリの主張する「未知の未知」の領域に入ることによって可能になるが、要は先に言及した抑圧的で「生政治的」な微視的権力のありようを別のサイドからとらえることを意味する。そのことによって、情報が多方向的に行き交い、ボーダレスに行き来するなかで、人と人との間の「コネクティッドなもの」／結びつきにつながるような持続可能でエッセンシャルなものが立ちあらわれるようになる。

それは生存のための産業の創出と自然環境の維持に欠かせないものであり、加えてデータの専横的な一人歩きを阻止し、人びとが使い捨てられた《ディスポーザブル》状態に追いやられることを拒否する方向性を示すことになる。そしてそうなることによって、既述したリモートワークやオンラインショッピングやオンライン学習が単に「モノ」としてデジタル・スケイプに組み込まれるのではなく、異なる他者と深く交わり対面することが可能になるコモンズを構成することになる。それこそが人びとにとって、何よりも優先すべきライフラインになるのである。もちろんそうはいっても、そのこと自体、後述するようにパラドキシカルな社会的過程に抱合されている。

こうしてみると、パンデミックとともに移動を制限することによって、日常的な人びととの交流を止めてしまい物的な距離を広げてしまったとされるソーシャル・ディスタンスにたいして別の解釈が可能になる。これまでソーシャル・ディスタンスはややもすればフィジカル・ディスタンスと誤読されがちであったが、ここでいうソーシャル・ディスタンスは他者との距離＝「あいだ」を意味しており、わたしたちという「身体」が境界を越えて向き合うことを示している。

そして台湾などに顕著にみられたように、人と人との「あいだ」、そこに生じる距離はデジタル技術による移動の追跡＝監視によって作り出されている。しかしそれは見方を変えれば、指摘されるような距離を縮減するものとしてあるともいえる。良くも悪くも、そこには移動の管理が「あいだ」のもつ機能をカバーし補塡するような形で前面に立ちあらわれている。パンデミックが「グローバル」であり「ヴァイラル」なものであればこそ、今後もそうなるのは避けられない。それではこの「あいだ」のもつ機能は今後どうなるのであろうか。

デジタル化の勢いが止まらないとすれば、そして先に言及したモビリティ・シフトが続くとすれば、「あいだ」はより広がり、より深まりを増すだろう。そしてその分、フレキシビリティが増大することになるだろう。それが人と人をつなぐ「コネクティッドなもの」（それはまぎれもなく「拡がりのある時間」と「関係性にもとづく空間」に根ざしている）になり、生存のための産業の創出と自然環境の維持にとって欠かせないコモンズになるか、それとも人びとを分断し、さらに多くの「弱者」を生み出し「監視資本主義」[2]（Zuboff 2019=2021）の「すきま」に追いやることになるのか、いまのところ言明できない。しかし両者が隣り合わせで存在することになり、トランジション・シティの「これから」がまさにそうした「すきま」に定礎することになるだろうことは、容易に想到しうる。

いずれにせよ、トランジション・シティの「これから」にとって、社会的過程としてのデジタル化のありようが規定要因として大きく作用すると思われる。だからこそ、そこに深い影を落としているデジタル技術の両義性とそれに深く絡み合って立ちあらわれている、既述した国家とプラットフォーム企業の協働／協調体制およびそれに向き合うコモンズの動向から目が離せないのである。

ちなみに、この点についてあらたな動向として注目されるのは、先にみたようにパンデミックの初期に取り沙汰された国家の役割の拡大、いわゆる「再公営化」の動きが社会の後景にしりぞくなかで、上述の協働／協調体制が〈公〉から〈共〉へのまなざしを強めていることである。こうした「上からのコモンへのまなざし」を上記の協働／協調の「輪《ループ》」から解き放ち、生存に向けて人間が共有すべき産業と自然環境が絶対的要件となるグローバル・コモンズへと誘う可能性をどう見いだしていくのかが、重要な課題になるだろう。

考えてみれば、トランジション・シティの「これから」は、「既知の未知」と「未知の未知」を橋渡しする社会的デザインにかかっている。しかしこのトランジション・デザインを描くことは簡単ではない。なぜなら、トランジション・シティは、新しいデジタル技術の浸透にさらされているだけでなく、そこにさまざまな人びと、かれら／かの女らが日常的経験において蓄積しているハビトゥス、さらに新しく勃興するサブカルチャーなどが複雑に交錯しているからである。だから、トランジション・デザインを描く際には、コロノプティコンが進展するなかで臨界局面に達しているように見える新しい技術をどうコントロールするか、そのうえで人びとの（生業とともにあった）生活世界で培われてきた、クリフォード・ギアーツのいう「地元の知《ローカルナレッジ》」（Geertz 1983=1999）をどう織り込んでいくかが鍵となる。

さらに視野に入れなければならないのは、近年の感染史研究が明らかにしているように（石 2018）、そうしたトランジション・デザインが人びとが「過去」から「現在」を通して、自然との「あいだ」にあってさまざまな感染症と向き合いながら作り出してきたものであるという点、つまり人類史は感染症との長い「共存」の歴史であったという点である。ここで、トランジション・シティが単に「過去」から「いま・ここ」、そして「これから」へとつながる継起的な時間の上にあるのではなく、いわば「三つにして一つ」である時間世界、還元するなら、野家啓一のいうような「垂直に積み重なる時間」（野家 1996）とそこを通底する「関係性にもとづく空間」に根ざしていることを想起する必要がある。とは言っても、デジタル化の下で、移動すること、都市に住まうこと、そして、畢竟、〈共〉とともにある「関係性にもとづく空間」にいくつものデバイドが埋め込まれる可能性があることは否定できず、そうした点で、トランジション・シティの「これから」はけっして単純なデザインに収まるものではない。そうしたなかで、ひとつの方向性としては、「未知の未知」への扉に手をかけながら、技術への絶対的な信仰に寄り添う楽観主義にたいして距離をとる、決して急がない都市の姿がありうるのではないかと考えられる。

4　データ資本主義の進展とデジタル・スケイプ

もっとも、トランジション・シティの「これから」に入る前に、前章の第2〜4節でみてきた「いま・ここ」に関していま一つ確認しておきたいことがある。それは三つのケースにおいて現れ方はさまざまであるが、多かれ少なかれデータ資本主義が進み、それが規定因として作用しているという点である。そして実際、国および地方公共団体がデータ資本主義の展開に符節を合わせるような舵取りをおこなっており、それに裏打ちされたようなデジタル・スケイプを広範囲に生み出している。イアン・ゴールディンは、それを概ね以下のように指摘している（Goldin 2021=2022: 151-169）。

まず都市全体がデータ資本主義に席捲され、小型で無人の媒体やプラットフォームからなるデジタルスケイプに覆われるようになっている。そして前景にせり出している建造環境（built environment）が、トランジション・シティとして有する内的な形は、それにおさまらないヒト、モノ、コトの錯綜した布置連関（constellation）を示している。何よりも、全体として商用不動産市場が流動的になっていることと大都市でのコスモポリタン的な生活を好む人が増えていることと相俟って、「選択自由のオフィス」空間が急速に広がっている。そこでは暮らすことと働くこと、集まり、憩い、遊ぶことが有機的につながり、ブロードバンドやデジタル機能がすみずみまでゆきわたっている。こうして大規模不動産資本に加えて、いわゆるテック企業＝プラットフォーム企業が中枢的な役割を果たしている。そしてそうしたテック企業に誘われて、若きノマドたちが現代版パサージュを闊歩する遊歩者《フラヌール》となり、都市の賑やかでダイナミックな変身《メタモルフォーゼ》を奏でている。

同時に、都市の人口構成において、大きなグループになっている高齢者層は「いまは子どもがいない、都市の文化的施設に魅力を感じている高齢者」と「貧困地区に閉じ込められ、そこから出ていく余裕のない高齢者」にくっきり分かれており、この分極化はデジタルスケイプの影にあって見えにくくなっている。平たくいうと、住宅という資産の階梯を容易に上がれる層とその最下段にすらたどり着けない層との格差＝不平等を示している。

いずれにせよ、前節まででみてきたトランジション・シティの「いま・ここ」が、デジタル化の進展に裏打ちされた「選択自由のオフィス」空間を上からだけでなく下からも押し上げながら、一方でヒト、モノ、コトの多様な融合の場を、他方で複数の多重的な分水嶺をもたらしつつあることは明らかである。「選択自由のオフィス」空間とともにあるデジタルスケイプは、そうした点で人びとの働き方やライフスタイルにおいてある種の「軽やかさ」を伝えると同時に、そのマイナス面を広げていくものと考えられる。いま大都市の間で競うようにして策定されているスーパー・シティ構想は、そうした「選択自由のオフィス」空間の拡大を主要な戦略的目標に掲げている。
さて以上の点を踏まえたうえで、次節ではトランジション・シティの「これから」に視点を移すことにする。

5　垂直都市から分断都市へ

本節では、アーリの最晩年の著作である『〈未来像〉の未来』に目を向けることから始めよう。アーリはそこで、車以降のモビリティ・システム、それと連動する新しいポストカーボン・エネルギーをめぐるネットワーク化された利害調整、そしてそこに生じる権力と社会力の確執を与件とするトランジション・シティの形を四つの型、すなわち「高速移動都市」「デジタル都市」「住みやすい都市」「要塞都市」に類別している。それらは複雑に交差しており、アーリ自身、トートロジカルな説明に終始している。そのうえで、特徴となるものをランダムに記してみると、およそ次のようになる（Urry 2016=2019: 176-199）。

〔高速移動都市〕ハイテクの移動都市。都市計画やインフラにおける（横の広がりから）垂直志向への高まり、垂直都市の台頭。ＡＩ主導のエレベーターテクノロジーの進展にささえられた高層タワーや垂直ファームの出現、デバイスアプリとデジタルトーク、コワーキングスペース／コ・オフィスの進展。路面交通の衰退、空中を滑走する車両、移動の主体としての小型の軽量の自動運転EVの普及、コネクティッドカーとしての機能強化――ビッグデータの場／ミーティングの舞台へ（↓［デジタル都市］と共振）。非対称的な空間の布置状況の進展――「上方の世界」と「下方の世界」の分極化／リスクの「外部化」と「内部化」、「逃走できる人」と「逃走できない人」（↓［要塞都市］）。

［デジタル都市］ユビキタス・コンピューティング、「センサーの海」、多くのビッグデータ、際限のない電力消費と「デジタルな自己」のリメイキング。モノとヒトの物理的移動に取って代わるデジタルコミュニケーションと経験様式。無形のデジタル情報の有形化、デジタルな「経験」と「本当のこと」のシンクロナイゼーション。リモコン・ダブルによる「出会い」、「デストラクション」、「経験の浅薄化」、（人びとの）知性の「人工的な知性への平板化」。ソーシャル・メディアの地位低下。システム自体の脆弱化とシステム間のファイアウォールの無機能化。「車」からスマートフォンへ。「ネットワークされたコンピュータ」としてのコネクティッドカー・システムの台頭。

［住みやすい都市］高エネルギー消費の移動マシーンの重要性の低下、脱炭素型のインフラの整備、サステイナビリティを前提にした都市モデルとゾーニングの達成↓「セン

ター・スプロール」モデルにもとづく都市から低エネルギー消費の移動システムに則った都市への転換。通勤のスケールとインパクトの縮減およびコモンズにもとづく、低スプロールの、緑化したコミュニティの形成。カーフリーシティの進展、小型化・超軽量化・スマート化のより一層の展開を可能にするポストオートモビリティーズの追求——トーンアプリ、スマートカード、スーパーホブの展開、ライドシェアリングシステム、新しいアクセスエコノミーの開発等々。

〔要塞都市〕裏側からみた〔高速移動都市〕／〔デジタル都市〕。要塞化とセキュリティ化の都市。都市上層のエンクレーブ（飛び地）と都市下層の「野生のゾーン」の分離・対立／「上方の世界」と「下方の世界」の分極化、リスクの「外部化」と「内部化」、「逃走」「滑空」できる人とできない人との乖離、都市上層の資源搾取と絶望的な都市下層への廃棄物の強制的排出《オフショアリング》。パブリックな機能と集合的な機能の私有化・非対称的な集積。権力の源泉としての要塞化とセキュリティ化（たとえば中世都市）。頻発する資源をめぐる、国家、企業、ＮＧＯ、テロリスト、その他多くの非国家的なネットワークを巻き込んだ「新しい戦争」の出現。再野生化された「アーバンジャングル」の拡大、ディストピア的な暴力の蔓延、さまざまなリージョン（圏域）にまたがるインフラ・システムの崩壊。

上述の四つのシナリオは、想定上、異なるものとされているが、一瞥して明らかなようにそれらは相互浸透しており、デジタル・トランスフォーメーションの世界／時代に足を下ろしているという点では、多かれ少なかれ同じ経験的地平を共有している。むろん、企業や個人の活動から生まれる膨大なデータを競争力として利活用するような、いわゆるデータファクトリー経済の向こうに何をみるかについては少なからずバリエーションがある。とはいえ、四つのシナリオから確実に言えることとは、「高速移動都市」から「デジタル都市」にかけて通底してみられるのがアンドリュー・キーンのいう「ネット階級社会」であること[3]（Keen 2015=2019）、そしてその先で立ちあらわれる「住みやすい都市」と「要塞都市」への「分岐」が、いわばコインの両面としてあるということである。

だからどのシナリオがのぞましいかは単純には言えない。考えようによっては、近未来においてポストカーボン・エネルギーが実装化され、それを世界中が認知するようになるなら、「住みやすい都市」は起こりうるかもしれない。けれども、資源（人的資源も含む）をめぐるグローバルノースとグローバルサウスの乖離が決定的である状況下で、その現実化への道のりは遠い。

プラットフォーム企業が跳梁し、シリコンバレーが先端モデルであり続けるかぎり、みてきたような「高速移動都市」から「デジタル都市」へ、さらに「要塞都市」へという移行が最も自然でありそうなシナリオだということになる。逆に「住みやすい都市」を基準にすると、そうしたシナリオは「裏側」をなしているということになる。ちなみに、アーリによると、「世界に大きな影響を与える地域ではすでに要塞都市が存在し、このシステムをおりなす要素は十分に確立している」という（Urry 2016=2019: 199）。

ところでここでいう「要塞都市」は、基本的には垂直都市から分断都市への移行途次にある。繰り返すまでもないが、それはこのところ台頭著しいプラットフォーム企業が主導する新しいデータファクトリー経済に誘われた「高速移動都市」、「デジタル都市」から出自するものであるが、そこではぐくまれた「ネット階級社会」＝垂直都市が分断都市として先鋭的にあらわれていると考えられる。そしてその特徴は、件の「要塞化」＝「セキュリティ化」がフットワークの軽い都市上層に独占される一方で、そこから排除された絶望的な都市下層が下方社会に滞留するといった既述した構図が前景にせり出している点に求められる。そこではアーバンインフラが荒廃し、一部ではゴーストタウン化が進んでいる。またガイ・スタンディングのいう「プレカリアート」を中心に、ＡＩ等の導入に反対しそれを打ち壊そうとする現代版ラッダイト運動が起こり、ディストピア的な暴力が蔓延するとされる。

ちなみに、スタンディングは「プレカリアート」のことを「およそ安定した暮らしとは縁のない……人びと」である、とごく緩やかに定義を下したうえで、「浮き草のように漂う。舵をとる者もなく、それでも潜在的に怒りをもつ」者としている。そして「支持者を増やして社会の主流の人々の間で影響力をもとうなどとは露ほども思っていない」という。もっとも、その存在形態はさまざまで、イタリアでは「不定期な日雇労働で暮らし、所得が低い」ゆえ「正常な生活を送るのが難しく、不安定な存在」である人々のこと、ドイツでは「一時雇用の労働者だけでなく、社会に統合される望みがない失業者」のこと、さらに日本では「ワーキングプア」のことをさしている。いまやその存在形態は拡散するばかりだが、社会に包摂されていないうえに、仕事を基礎にした確固としたアイデンティティをもっていないことが最大の特徴とされている（Standing 2011=2016: 1-16）。

いずれにせよ、「要塞都市」において都市エリートによる分断と排除が進み、その担い手である「プレカリアート」の「下方爆発」が発生すると考えられる。そしてそうした状態が常態化し馴化することで、「住みやすい都市」の基盤のみならず、「デジタル都市」の両義性の源が損なわれると予想される。しかし予想されるのはこうした状態にとどまらない。上述の「プレカリアート」の「下方爆発」が引き金となって、下方社会の「再野生化」にたいする「セキュリティ化」がいっそう進み、いわゆる「アルゴリズムの殺害[4]」を越えて「キラーロボット[5]」が主役となるような殺戮が数多くみられるようになるとされる。

ここで想起されるのは、一九八二年に封切りされたSF映画『ブレードランナー』である。シナリオは、密集した居住、霧雨でけむるネオンの照明、空飛ぶクルマが借景となる二〇一九年のロサンゼルスを舞台とし、視覚的には人間と寸分変わらない人工サイボーグである四体のレプリカントをエキスパートのブレードランナーが追い詰めるという筋書きになっている。この映画で印象的なのは、レプリカントの傍若無人のふるまいに加えて、昏いディストピア的なスケイプがここでいう「要塞都市」の未来として描かれていることである。詳述はさておき、この映画でキャスティングされたレプリカントとブレードランナーが一方で再野生化したアーバンジャングルの拡大の担い手として、そして他方でそれを封じ込めるセキュリティ化のアクターとして登場しているのが実に示唆的である。

もっともここで、みてきたようなアーリのいうトランジション・シティの基調をなす垂直都市から分断都市への移行というシェーマを、いま一度前節までで概観したトランジション・シティの方位（「いま」と「これから」）に関する叙述に立ち返って検証してみると、再度問わなければならない課題が多々あることがわかる。何よりも気になるのは、四つの類型／シナリオの再審を「起こりそうだ」もしくは「起こりそうにない」という基準でおこない、そのうえで上記のシェーマを打ち出しているようにみえることである。もちろん、その場合、四つのシナリオのいずれにおいてもデジタル・トランスフォーメーションが起動因となっている。しかし具体的にどのような社会過程を経てそうなっているかが明らかにされていないために、シナリオ間のつながりがよく見えてこない。このことは表に立ちあらわれている事態の裏側にひそんでいるものをどう読み取るかということと関連があるように思われる[6]。

こころみに、先に略述した黙示録の観点から論じてみるのも有益であろう。ライアンはその黙示録の機能について以下のように述べている（Lyon 2022=2022: 194）。

「黙示録」は「終末」といった言葉と同義に受け取られる一方で、言葉としての「アポカリプス」〔**apocalypse**　ギリシャ語で **apokaluptein**、字義的には「**uncover**」の意〕ではそこに、ベールを剝ぎ取る、見えていなかったものや認識されていなかったものを暴露するという意味が加わっている。

つまり「黙示論的な文章には……世界を別の見方で見られる余地をつくり、新たな未来への扉を開く」（ibid.: 194-5）、換言するなら「「暴露される」過程では、ネガティヴな面……だけでなく、維持し育んでいく価値のあるポジティヴな面も見えてくる」（ibid.: 206）というのである。これとはまったく逆の状況からではあるが、「できるもの」ではなく「できないもの」から人間の人間たる所以、つまり「社会／社会的なもの」を見据えるという出口康夫の主張は、ある意味で相同的な議論をしているといえる（出口 2022）。こうした出口の主張は、デジタル・トランスフォーメーションが進みシンギュラリティが現実のものとなっているからこそ、人文知が有する黙示論的なコノテーションが重要だと言っているのである。

＊やや横道にそれてしまったが、既述した垂直都市から分断都市への移行を全シナリオを貫く基調音として再度認めたうえで、なお生じる課題をいま一つ指摘しておくなら、そうしたシナリオにシカゴ学派以降の「空間／場所と時間」観念の残照をどう見て取るかという点である。以下、この点についてさしあたり補論2として述べることにしよう。

注

（1）考えてみれば、災害資本主義と「災害ユートピア」は相互に対極に位置しているようにみえながら、災害／復興の現場では不即不離、より正確にいうと相補関係にある。ただ「上からの〈共〉へのまなざし」が強まるなかで、災害資本主義は後衛に回り、「災害ユートピア」が前衛に位置するようになる。つまり災害資本主義は国家と協働してよりヘッドクォーター的な機能を担い、それにたいして「災害ユートピア」は〈公〉と〈共〉をつなぎ、前者から後者へシフトしていく際のメディアとしての役割を果たすようになる。

（2）監視資本主義のより充実した説明はショシャナ・ズボフによってなされている（Zuboff 2019=2021）。ちなみに、ライアンによると、監視資本主義の最大の特徴は「プラットフォーム企業から排出される、例えばフェイスブックやウィーチャットを日常的に利用するユーザーが生み出す取るに足らないようなデータから、利益を得る方法を見つけ出」すところにある、という（Lyon 2022=2022: 16）。

（3）センセーショナルな響きをともなうこの言葉の含意は、はしがきの以下の一文に示されているようにきわめて明快である（Keen 2015=2019: 12）。

現代のデジタルネットワークをわれわれが利用すればするほど、それによって生まれる経済価値はいっそう小さくなる。デジタルネットワークは、経済の公平性をうながすどころか、格差拡大やミドルクラス消失のおもな理由になっている。デジタルネットワーク経済の分配資本主義は、われわれを富ますどころか、われわれの大半を貧しくしている。このデジタル化による破壊は、雇用機会を増やすどころか、構造的失業の危機をいっそう深める大きな要因になっている。いい競争を生み出すどころか、グーグルやアマゾンのような、市場を独占するほど強大な企業をつくりだしている。

（4）軍や警察などの治安組織が顔認証技術や物体認証技術をもつ人工知能を用いて標的を特定し殺傷・攻撃をおこなうこと。

（5）人の介入や操作を経ないで攻撃対象を判断し殺傷する能力をもつロボット兵器のこと（人造人間も含まれる）。

（6）とはいえ、ここで立ち止まって指摘したいのは、「トランジション・シティ」の基底に見え隠れしている「飛び地のランドスケープ」は大都市圏が「広がり、伸び、増える」プロセスの一環としての「フロンティア」としてあるのではないということである。むしろ、それはグローバルな都市間競争によってもたらされた都市構造の分断と亀裂とともに「フロンティアのゆらぎ」を端的に表すものとなっている。平たくいうと、グローバル化、ポストグローバル化の進展に符節を合わせたアーバン・リストラクチャリング、リスケーリングがコミュニティの破砕と刷新、そして転位（dislocation）と反転を促しながらもたらした。そしてそこは、ミシェル・フーコーのいうような規律型権力ではなくドゥルーズのいうような管理型権力によって貫かれている。

（7）「できないこと」（incapability）に人間の人間たる所以を見いだすこうした出口の主張は、長い間西洋哲学の伝統を形成してきた、「できること」（capability）に主軸を置く機能主義的人間観にたいするアンチテーゼとしてある。そこでは、これまで綺羅星のごとく輝いてきた、そしていまなお参照されることの多い、ルネ・デカルトやイマヌエル・カントなどの名うての哲学者が再審の対象に据えられている。

補論2

トランジション・シティと一九二〇年代シカゴの都市的世界

これまでのところで、トランジション・シティの基層において多かれ少なかれ垂直都市から分断都市への移行過程が見え隠れしていること、そしてそれを誘っているのが差延へと移動する差異、そして凝集と散種からなる自己相似的《フラクタル》な構造を特徴とする「瞬間的時間」であり、それと共振する多重的なネットワークによって媒介され、ひたすら脱コンテクスト化し超空間化する、カステルのいう「フローの空間」であることを指摘してきた。考えてみれば、一九二〇年代シカゴの都市的世界がクロック・タイムと遠近法的《パースペクティヴ》空間のメタファーであったのにたいして、みてきたようなトランジション・シティは「瞬間的時間」と散逸的な空間のメタファーとしてある。したがって、それらの位相の違いを踏まえたうえで、二〇年代シカゴの都市的世界とトランジション・シティがつながるのか、あるいはつながらないのかという点が注目される。それはたとえば、後ほど取り上げる、吉見俊哉の都市論を介して検証する課題でもある。

トランジション・シティはまぎれもなくデュアル・シティの様相を強めている。考えてみれば、モダンの都市は社会の階層的秩序が地域構造に直接影を落とす空間的凝離から成り立っていた。だから、古くはフリードリヒ・エンゲルスのみたエキスポ空間とイースト空間(Engels 1845=1990)、そして二〇年代シカゴの都市的世界に深く投錨していたゾーボーの『ゴールド・コーストとスラム』はそうした空間的凝離の延長線上でとらえることができ、いわゆるデュアル・シティの原型《プロトタイプ》を宿しているといえる。しかし、ここでいうデュアル・シティは基本的にはトランジション・シティに見いだされる多次元的な分水嶺(social divide)と複数の空間的スケールが象徴的にあらわれたものである。したがって、それはゾーボーらが析出してみせた空間的凝離の究極態とはまったく異なる。ここでは両者において異なった形でみられる中間層の存在形態を例にとり、少し立ち入って検討してみよう。

既述したように、二〇年代シカゴの都市的世界は中間層を担い手とする発展と成長を基調としていた。したがってそれは「中間層の夢」を満載するものであった。そこでみられた空間的凝離は、そうした中間層がソーシャル・フィルタリングから落層化したことを示していたが、上述の基調は変わらず、その後に言われるような二都物語に直接につながるようなものにはならなかった。だからこそ、そこに織り込まれた「中間層の挫折」の論理はソーシャル・ダーウィニズムの残影と表裏をなしていた。

他方、デュアル・シティとしてのトランジション・シティでは、当初、中間層は上述した多次元的な分水嶺と複数の空間的スケールの下で、上層化も落層化もしないみえない存在になっていた。しかしいまや、産業構造のデジタル化がいっそう進むなかで、中間層は「下層社会」のあらたな担い手としてみえる存在となりつつある。つまり否定的な意味で復位・復権をとげつつあるのだ。たとえば、ジョエル・コトキンによると、新封建主義の到来とともに、寡頭支配を続けるエリートとその他大勢のあいだの格差が広がり、中間層が最大の被害者になっている、という[1]（Kotkin 2020=2023）。いわば、空間的凝離が逆流し、再埋め込みされているのである。

さて、こうした中間層の動向と相同的に注目されるのが、社会の基層においてみられる個人からの〈集合性〉の剝奪という事態である。二〇年代シカゴの都市的世界を色鮮やかなものにしていた遷移地帯では、「やつら」と「おれら」という形でこの〈集合性〉が息づいていた。しかしトランジション・シティでは、従来の支配的な参照枠組み（家族、地域、階級等）が崩壊し、それとともに個人からそうした〈集合性〉が剝奪されている。その一方で、電子メディア等の働きによって、個人がこれまでとは違った意味でみえてくるようになっている[2]。いずれにせよ、ここでも逆流／再埋め込みが生じているとみていいだろう[3]。

さて、こうしてみると、中間層の消滅と「再みえる化」、〈集合性〉の劣化にともなう個人の「再みえる化」という二重の「再みえる化」の先に、はたして「関係としての空間」と「拡がりのある時間」にもとづく空間環境設計への展望が切り拓かれるようになるのだろうか。それとともに、これまでみてきたようなトランジション・シティに何らかのポジティヴな形を与えることができるようになるのだろうか。問いは深まるばかりだが、やはり避けて通ることはできない。

注

(1) ちなみに、雨宮処凛は、中間層の困窮化がすすみ、不安定な生き方を強いられた貧困層が分厚くなっている、と述べている(『朝日新聞』二〇二四年三月二三日)。

(2) この場合、電子メディアの果たす役割が無視できない。それは資本の作用に取り込まれながらも、瞬時に人びとの「生きられた世界」を非有機的で脱統合的なものにする。そしてそうしたものがいわば根茎とからみあった蔦、もしくは生い茂った雑草のような形で立ち上がるのを助ける。いうまでもなく、それはわれわれを空間のなかで身体を駆使して生きているのだということを感じさせる方向に誘ってはじめて光芒を放つのである。

(3) なお、この逆流/再埋め込みという点で付け加えるなら、二〇年代シカゴの都市的世界では郊外が「都市的願望の中心」(Stein 1964: 199)であったのにたいして(ジェームズ・オコンナーのいう「中心都市による郊外の搾取」の結果であったとしても)、トランジション・シティにおける郊外は、一部で遺棄や衰退が集積し、いまや「中心都市」を射抜く「反抗」の場となりつつあること（たとえば、パリ郊外）を指摘しておく必要があるだろう。

終章

シカゴ学派再考の理論的地平から

よみがえるミード

本書執筆の動機は、何よりもまず、この間、社会理論領域において深甚なパラダイムシフトをもたらし、エポックメイキングな影響源の一つであるモビリティーズ・スタディーズの理論的地平を継承しながら、都市社会学の脱構築から再構築への道筋をさぐろうとする点にあった。そしてその点でいうなら、シカゴ学派の内部から、あるいはその周辺からシカゴ学派を再考する動きがあったことも指摘しておく必要がある。

たとえば、自我《セルフ》の探求に焦点を据えて立ちあらわれた、ハーバート・ブルーマーとエヴェレット・C・ヒューズに代表されるシンボリック相互作用論の展開は、まぎれもなくミードの自我論および「行為の哲学」、さらに『現在の哲学』を読み返すことによって、結果として行為による事象のたえざる再構成、意味を創発させる「時間の構成」を浮き彫りにし、都市社会学のパラダイムシフトへの嚆矢を切り拓くものであったといえる。とりわけ後者の議論については、ミードにおいて第Ⅲ部で取り上げた創発の原認識が観られることを確認したことは大きい。

ミードは『現在の哲学』において過去は過ぎ去ったものではなく、新たな事象の生起とともに「過去は変わる」と述べている。つまり過去は現在と連続するかぎりで過去と呼ばれるのだという。そうした点で、現在進行形のものをうしろ向きに広げたときに過去は立ちあらわれる。だからこそ、過去は現在によって方位づけられるということになる。ミードによれば、この方位づけは過去と現在の間に何らかの関係性を形成することでもあり、それを決定づけるものが現在の行為である。いずれにせよ、こうして時の流れ、事象の経過のなかで現在が切り取られ、そこに創発的なものが見いだされるのである（Mead 1929）。この「創発する時間」は、みてきたようなモダンの「空間／場所と時間」の両義性を再審する機会を与え、それゆえ都市社会学のパラダイム・シフトに導きうるような一つの契機を内包しているといえる。

とはいえ、冒頭で一瞥した本書の目標によりつながるシカゴ学派再考の動きとしては、ワースのアーバニズム図式からはじまって、フィッシャーの通念にとらわれない「下位文化」

理論を経て、それがさらに推敲されて立ちあらわれたネオアーバニズム論の系を無視するわけにはいかない。ちなみに、吉見俊哉はそれにたいして「集中した人々の間で密度の濃い相互作用を通じ、全体社会の規範からは逸脱する多様な行動を促していくような文化的土壌を都市地域において成立させていくこと」を明らかにしている、という(吉見 1995: 149)。この吉見の指摘にしたがうなら、ネオアーバニズム論はみてきたようなモビリティーズ・スタディーズの論点と深く共振しながら、シカゴ学派再考の文脈をつむいでいることになる[1]。しかし本書ではその点に留意しながらも、より広い文脈と視界の下で上記の目標に近づこうとした。

モダンの「場所/空間と時間」認識の再審と脱=社会科学へ

具体的には、「まえがき」で示したように、第Ⅰ部でシカゴ学派都市社会学、第Ⅱ部で新都市社会学、第Ⅲ部で空間論的転回、移動論的転回、モビリティーズ・スタディーズについて言及した。そして第Ⅳ部でそれまでの展開を踏まえたうえで、トランジション・シティの「いま・ここ」と「これから」の位相をさぐりながら、本題である都市社会学の脱構築と再構築という論題に分け入った。そこで記したように本書をある種の演奏のようなものとみなすと、第Ⅰ部は前奏、第Ⅱ部は間奏、第Ⅲ部は後奏、そして第Ⅳ部はエンディングということになる。しかしエンディングはみられるようにあくまでも仮のものであって、決して終わってはいない。ちなみに、この演奏の通奏低音となっているのは、モダンの「場所／空間と時間」認識の再審である。結果としてそれがどのような楽曲を奏でているのかをさぐるのが、本書のメインテーマであった。

そのときどきのモダンの「場所／空間と時間」認識をあきらかにするには、そもそも都市社会学がどのような方法に依拠してきたのか、そして変転する対象にどう向き合ってきたのかを検証する必要がある。そこでまず、都市社会学が草創期以降、内に閉じられた個別ディシプリンの論理にもとづく方法的枠組みに依拠してきたこと、そしてそうした方法的枠組みを維持したまま、「自己完結的な都市領域」からボーダレスでフラクタルな都市領域へと視点を変更してきたことを示した。そしてこうした方法と対象の未分化の状態では、「時間と空間の新しい経験」、すなわちグローカル化の機制／フォーディズムからポストフォーディズムの下で進んでいる「空間の政治」から「場所の政治」への移行を視野におさめられないことを指摘した。

そこで本書では、上述のメインテーマに近づくために、理論基軸をウォーラーステインのいう脱＝社会科学にとらえ直した。繰り返しになるが、ウォーラーステインによれば、旧来の社会科学はそれぞれの守備範囲（境界）にこだわるディシプリンの「機械的総合」のうえにあり、脱統合的でボーダレスな社会のリアルに迫ることができない。だから、そうした状況を突破《ブレイクスルー》する脱＝社会科学がもとめられるのである。ところで、この脱＝社会科学になぞらえると、都市社会学はさしあたりアーバン・スタディーズへの可能性を追求することになる。それはグローバリゼーション・スタディーズ、メディア・スタディーズ、クィア・スタディーズなどと横並びになるボーダー・サイエンスの一つである。

モビリティーズ・スタディーズの視界と課題

さて本書では、以上のような脱＝社会科学の理論的地平を継承する立場から、都市社会学の脱構築と再構築、さらにアーバン・スタディーズに擬せられるものをめざしたが、そこで方法論的要として取り込んだのがモビリティーズ・スタディーズであった。それは一つにモビリティーズが抱合する社会的諸関係・感情の構造、非線形的で不均一なネットワークとそこから派生する「創発」のメカニズムに照準するとともに、場所と非場所の弁証法的メカニズムを解明しようとするものである。そして具体的には、「まえがき」で示した論点に立ち返って、都市社会学では十分に扱われてこなかった「時間と空間の新しい経験」を読み直したうえで、モビリティーズ・スタディーズの適用範囲《カバレッジ》とそこに伏在するパラダイムチェンジの可能性をさぐった。その際、考察の中心となったのは、上記の「創発」のメカニズムであるが、本書ではそれをさらに掘り下げて、人と人の相互作用次元で発現するアサンブラージュ、アフォーダンス、アーティキュレーションのありようについて論及した。そして、それらが人と人の「あいだ」を、「いま」こそ重要であるという「空間と時間」(「はやさ」)の機制の下で非線形的につないでいることをあきらかにした。

問題はそこから先である。本書では引き続き、理論的次元であきらかにした上記の「あいだ」と「はやさ」をトランジション・シティの実相に視点を移して検討した。しかしトランジション・シティの「いま」と「これから」の分析において最高度に形象された形で浮き彫りになった垂直都市から分断都市にいたるスケイプが、はたして「世界の終わり」を示すものなのか、あるいはあらたな局面に向けての序曲を奏でるものであるのかどうかについては、あきらかにすることができていない。ちなみに、みてきたような垂直都市から分断都市への移行過程から明白にみえてくるのは、国家とプラットフォーム企業の協働が中心となる、ゆらぎながらも堅固であり続ける権力幾何学の構図である。そしてそれが既述した「時間と空間の圧縮」を最大集約的に示すとともに、「資本主義の開かれた矛盾」を黙示していることはいうまでもない。(2)

だからといって、トランジション・シティにひそんでいる構想力が「時間と空間」の抽象的で幾何学的な諸関係にことごとく回収されてしまうわけではない。それは同時に多様な要素がたくさん集まることによって、複雑なものからまとまりのない混沌とした力を引き出すもうひとつの機能を保持しており、わたしたちはただただ〈集合性〉を剥奪された状態に置かれているわけではないし、国家の〈威〉の空間を正統化するだけの大きな語《ナラティヴ》りにはまってしまっているわけでもない。資本の作用に全面的に組み込まれながらも、それが瞬時に人びとの日常生活に埋め込まれ／編み込まれることによって、非有機的で脱統合的なネットワークをもたらし、それが身体を駆使して生きているのだという感覚とともに、マクロでもミクロでもない、いわば「中間《メゾ》」の物語を広げていくことになるかもしれない。もっとも、こうした議論は大枠としてポジがネガに転化し、ネガが再びポジに反転するといった近代主義的な二分法《ダイコトミー》に特有の論調を帯びている。したがって、これまで折に触れて取り上げてきたいわゆる両義性認識との違いを明確にする必要がある。

ジンメルを読み、ルフェーヴルを読むことの意味

そこであらたな重要性を帯びて再浮上してくるのが、ジンメルの社会化認識であり、ルフェーヴルの社会空間論である。詳述はさておき、それらを読みかえし、再審することによって、都市社会学の脱構築と再構築にとって要となるモビリティーズ・スタディーズの中心的な論点である「あいだ」、「つなぎ媒介するもの」および「身体」への基本的視座が得られる

とともに、その基層を構成しているモダンの「空間／場所と時間」認識にたいする再帰的な検証の機会が得られる。それらは、これまでの都市社会学再考の文脈ではまともに取り扱われてこなかったテーマである。

しかしそれだけにとどまらない。ジンメルの社会化認識にしてもルフェーヴルの社会空間論にしても、モダンの「時間と空間」認識に深く定礎しており、前述の二分法的バイアスを相対化する視点を内包している。したがって、ジンメルを読み、ルフェーヴルを読むことによって、古典の〈現在性〉をさぐるという次元を越えて、本書のテーマと課題に近づくことになる。そこからモビリティーズ・スタディーズの基本的論点の共有がいっそう進み、開かれた課題設定からアーバン・スタディーズへの道筋が見えてくるだろう。またそれと関連して、「創発」の機制を読み取ることのできるシカゴ・モノグラフの再審も本書の大きなポイントになるだろう。少なくともそれは、トランジション・シティを描出するにあたって、いわばネットワークはネットワークであるとするモノを語るという次元で示唆を与えてくれるだろう。

とはいえ、本書ではそうした課題設定とアーバン・スタディーズをつなぐはずの〈中間項〉としてのポスト・ディシプリンのあり方を具体的にしるしていないために、その内実に不明瞭さが伴うことも否めない。そのことによって一方で〈脱＝社会科学化のもとで〉社会科学の残照をもたらし、他方で多様な批判研究の内質化を妨げ、結果的にモビリティーズ・スタディーズがどう取り込まれ、敷衍されうるのかについて、きわめて不十分な説明に終わってしまっている。このことは本書のメインテーマである、モビリティーズ・スタディーズの論点開示を通して都市社会学の脱構築と再構築をおこなうという目標設定がいまひとつ宙に浮いているように見えることと関連があると思われる。いずれにせよ、本書はまだまだ発展途上にある。いわば本書は一つの演奏のようなものとしてあり、エンディングはずっと先のことである。

最後にひとつ、「まえがき」で提起した問いを繰り返そう。みてきたような垂直都市から分断都市への移行は果たしてどのようなスケイプをもたらすのであろうか。絶望のスケイプか希望のスケイプか、それとも絶望と希望が複雑に入り組んだ第三のスケイプか。いずれにせよ、トランジション・シティがもたらしている、あるいはもたらすであろう「いま・ここ」と「これから」のスケイプから目をそらすことも、そこから伝わってくる音曲に耳を閉ざすこともできないであろう。

注

（1） その際ひとつには、トランジション・シティがリスケールとハイブリッドの空間編成、移民の導入、セダンティズム（定住主義）からの離床などとともに発する「きしむ音」をどうすくいだし、ネオアーバニズム論につなげていくかが大きな課題になるだろう。

（2） ドゥルーズとともに「創発」の機制についていち早く注目していたガタリは、「資本はつねに、経済、科学、技術、風俗などあらゆる領域の脱領土化の動きから構成されてきた。記号的存在としての資本は、技術的・社会的な突然の変化の総体に体系的に接木され、それを図表化し、権力構成体のなかに再領土化する」と述べている（Guattari 1977=1988: 60）。

そこではデジタル化へのガタリの関心が並々ならぬものであったこと、そして（オートポイエーシス理論の受容を通して）それが「創発」の機制と交差しながら資本主義の構造変化をもたらしていることをつまびらかにしている。この点については別稿を用意している。

あとがき

本書はひとりの社会学徒として積み上げてきたなりわいの一部をまとめあげたものである。そのねらいは本書の「まえがき」の部分ですでに述べたが、よりかいつまんでいうと、モビリティーズ・スタディーズによって都市社会学のありようを問うこと、別のいいかたをすると都市社会学を通して、モビリティーズ・スタディーズの理論的地平と現段階における到達点を確認することである。それが達成されているかどうかは読者の判断にゆだねるしかないが、いまはとにかくほっとしている。

筆者はもともと都市社会学・地域社会学（コミュニティ論）を専攻する者として斯界に身を置いた。しかしグローバリゼーション・スタディーズがいままで絶対的なものとみなされていた「境界」のゆらぎ、さらに「境界へのまなざし」のゆらぎに照準を合わせるなかで、筆者自身、「位置取り」の必要性に迫られ、モビリティーズにウイングをシフトするようになった。それにはジョン・アーリさんとの出会いが大きい。

アーリさんに最初に出会ったのは、筆者が東北大学赴任直後に同大学で開催された国際シンポジウムにおいてであった。そのときのアーリさんは名うての市民社会論者であった。その後、彼の著作『場所を消費する』『社会を越える社会学』（ともに、法政大学出版局刊）を立て続けに翻訳するなかで交流が深まった。そして二〇〇二年七月、ブリスベン技術大学で開催されたＩＳＡ世界社会学会大会の席上において再会を果たした。たまたま同じセッションに参加し、当時執筆中の『モビリティーズ』のことが話題に上った。そのときに、刊行の暁には『モビリティーズ』を日本語に訳し、できれば日本という社会・文化構造に照らし合わせてそこで論点になっているものを再検証したい、と述べた。アーリさんは非常に喜ばれて、それならランカスター（大学）で報告してもらいたいと言われ、別れた。

しかし、帰国直後にアーリさんが体調をこわしたこともあり、招請の話は結局実現しなかった。落胆していたそんなときに、『人の移動事典』の編纂委員会で伊豫谷登士翁さんと出会った。そして一橋大学の伊豫谷ゼミと東北大学の吉原ゼミのメンバーが中心になってモビリティ研究会を持とうということになった。筆者にとってこれはきわめて幸運であった。筆者はこの研究会に参加し、さまざまな知的な刺激を受けるなかで、モビリティーズ・スタディーズへの理論的座標軸を練り上げ、中心的な論点を探究するようになった。そしてその過程で単著、共著を含めいくつかのモビリティにかかわる書籍をまとめあげるとともに、日本都市計画学会や計画交通研究会をはじめとするいろいろな学会や研究会のシンポジウム、あるいはセミナーに招かれ発表する機会を得た。本書ではその一部を収載している。

しかし本書の冒頭で言及したように、モビリティーズ・スタディーズはまだまだ発展途上のものであり、そこで抽出された論点は時代の思潮と発展段階に制約されたテンポラリーなものであることを認識せざるを得なかった。だが考えようによっては、そのテンポラリーな性格こそ、無目的であり方向の定まらないモビリティーズ・スタディーズの性格を示しているのかもしれない。そして現段階で、逍遥しながら、論点らしきものにたどりつくことがあるとすれば、それは本書のメインテーマである「創発」の機制とそこに深い影を落としている「脱主体」のダイナミズムであろうと確信するようになった。本書ではこの点について、ある意味でくどいと思われるほどに言及しているので、ここでは繰り返さない。しかし本書を書き上げたいま、シカゴ学派再考の文脈で検討してみると、上述の「創発」の機制と「脱主体」のメカニズムがいっそう見えてくるようになるかもしれないと考えている。それはまさに「意図せざる結果」であり、著者冥利に尽きるものであると言っていいだろう。

その一方で、今後モビリティーズ・スタディーズを深めていこうとすれば、「脱構築」した都市社会学を「再構築」することが避けられなくなってくるだろうとも考えている。そしてその途上で、本書で重要な位置を占めていたルフェーヴルの社会空間論を位置づけなおすことが中心的な問題構制になるに違いない（本書終章を参照のこと）。もちろん、それにとどまらない。そこから派生するさまざまな問題構制にも向き合わざるを得なくなるだろう。たとえば本書で言及することはなかったが（フィッシャーの場合は例外として）、デュルケームの「社会形態学」と人間生態学の関係を、社会的分業とともに諸個人の間で組織的な相互依存関係、諸個人の集団化、都市的凝集がすすむといった既存の定型的な解釈／理解を越えて再定式化する必要性が生じるだろう。

なお、ここであらためて指摘しておきたいのは、本書の未遂の部分である残された課題を掘り下げていくと、現代社会にひそむ闇の部分が浮かび上がってくるように思われることである。筆者自身、これに直接向き合う力量を持ち合わせていないが、さしあたり、さまざまな主体が日常的に異なる他者として出会う文脈においてそのありようを見定める必要がありそうだ。

さて本書では、ここに至るまでに多くの人たちから言葉に尽くせない助力と支援を受けた。ここでは紙幅の許す範囲内で、さしあたり以下の三点について記しておきたい。

本書は企画が成立した段階で、編集者の田所健太郎さんと刊行までの手順について協議した。そしてその手順にしたがって筆者がまず草稿を用意した。そしてそれにたいして田所さんが詳細なコメントを付し、返して寄こした。次にそのコメントを参考にして筆者が第二次稿を作成した。それは筆者にとって半ば苦渋に満ちた作業であったが、以前にちくま学芸文庫『ポストモダニティの条件』（デヴィッド・ハーヴェイ著）を翻訳刊行した際に、担当者であった田所さんの緻密で行き届いた仕事ぶりを知っていただけに安心できるものであった。本書が日の目をみるようになったのは、まぎれもなく田所さんの厳しい、それでいて善意にみちた献身的な関与のおかげである。

次に記さなければならないのは、横浜市立大学付属病院の濱田直樹さんをはじめとする医療スタッフの方々である。筆者は草稿を書き上げる途次である病気に罹患した。入退院、そして通院を経て、何とか日常生活に近い状態にまで回復できたのは、主治医である濱田さんや医療スタッフの方々の尽力によるところが大きい。七〇歳前後にいたるまでこれという大病に罹患した経験がなかったこともあって、それまでの放恣な生活の付けが回ってきたのかもしれないと思う半面、精神的なショックははかりしれないものがあった。それを何とかコントロールできているのは濱田さんをはじめとするスタッフの日常的な微に入り細を穿つ診察と治療のおかげである。

最後になったが、家族に感謝しなければならない。罹患するまでは、家族は私にとって「遠い存在」であった。四〇代半ばまでは研究や教育と称してまるで「独り身」の生活を送っていた。また四〇代から六〇代前半にかけては、科研費の海外調査や客員（訪問）教授などで一年のうち三分の一近く海外にでていた。ところが病気になるや家族がきわめて「近い存在」になった。食事のこと、リハビリのことなどで家族の支えが必要になった。この「落差」に筆者自身、戸惑いを隠せないでいるが、家族もまた、大変な心労を抱えるようになった。だがいずれにせよ、いまは家族と一緒にいることで安寧が保たれていることはたしかである。

繰り返しになるが、田所さん、濱田さん、家族の皆さん、本当にありがとうございました。拙いながら、ここまで来ることができたのも、皆さんの助力と支援のおかげです。

吉原直樹

二〇二四年八月　能見台の丘陵からきらきら光る東京湾を眺めながら

吉原直樹, 2019,『コミュニティと都市の未来』ちくま新書.
吉原直樹, 2020,「移動論的転回：その視界――アーリを読む」,『季刊iichiko』147号.
吉原直樹, 2021,『震災復興の地域社会学――大熊町の10年』白水社.
吉原直樹, 2022,『モビリティーズ・スタディーズ――体系的理解のために』ミネルヴァ書房.
吉原直樹, 2023,「「未知の未知」に挑む都市社会学」, 吉原直樹編著『都市とモビリティーズ』（シリーズ・現代社会学の継承と発展３）, ミネルヴァ書房.
吉見俊哉, 1995,「都市的なるものと祝祭性」, 藤田弘夫・吉原直樹編『都市とモダニティ』ミネルヴァ書房.
Zorbaugh, H., 1929, *The Gold Coast and the Slum*, University of Chicago Press.（＝1997, 吉原直樹ほか訳『ゴールド・コーストとスラム』ハーベスト社）
Zuboff, S., 2019, *The Age of Surveillance Capitalism*, Public Affairs.（＝2021, 野中香方子訳『監視資本主義――人類の未来を賭けた闘い』東洋経済新報社）
Zukin, 1980, 'A Decade of the New Urban Sociology,' *Theory and Society*, 9.

Urry, J., 2007, *Mobilities*, Polity.（＝2015, 吉原直樹・伊藤嘉高訳『モビリティーズ』作品社）
Urry, J., 2016, *What is the Future?*, Polity.（＝2019, 吉原直樹ほか訳『〈未来像〉の未来——未来の予測と創造の社会学』作品社）
Vebren, T., 1965, *The Higher Learning in America: A Memorandum on the Conduct of Universities by Businessmen*, B.W. Huebsch.
Wallerstein, I., 1991, *Unthinking Social Science*, Polity.（＝1993, 本多健吉・高橋章監訳『脱＝社会科学』藤原書店）
鷲田清一，2015，『「聴く」ことの力』ちくま学芸文庫.
Wirth, L., 1936, 'Preface,' K. Mannheim, *Ideology and Utopia*, trans. L. Wirth and E. Shils, Harcourt, Brace and World.
Wirth, L., 1938, 'Urbanism as a Way of life,' *American Journal of Sociology*, 44.（＝1965，高橋勇悦訳「生活様式としてのアーバニズム」，鈴木広訳編『都市化の社会学』誠信書房）
Wirth, L., 1964, *On Cities and Social Life*, University of Chicago Press.
矢崎武夫, 1954,「都市研究方法の発展」,『社会学評論』第4巻第4号.
矢澤修次郎, 1984,『現代アメリカ社会学史研究』東京大学出版会.
吉原直樹, 1983,『都市社会学の基本問題——アメリカ都市論の系譜と特質』青木書店.
吉原直樹, 1989,「シカゴ・ソシオロジー再考のために」,『社会学史研究』第11号.
吉原直樹, 1986,「現代都市論の新しい地平——シカゴ学派と新都市社会学とのあいだ」，吉原直樹・岩崎信彦編著『都市論のフロンティア——《新都市社会学》の挑戦』有斐閣.
吉原直樹, 1988,「マイ・シカゴ・ストーリー——1920年代都市的世界」,『人文研究』第102集.
吉原直樹, 1994,「シカゴ・モノグラフの経験的地平」，石川淳志ほか編著『社会調査——歴史と視点』ミネルヴァ書房.
吉原直樹, 1996,「アメリカン・リベラリズムとシカゴ・ソシオロジー」，堀田泉編『「近代」と社会の理論』有信堂高文社.
吉原直樹, 2000,『アジアの地域住民組織』御茶の水書房.
吉原直樹, 2004,「解説」，島崎稔『戦後日本の都市分析』（島崎稔・美代子著作集　第4巻），礼文出版.
吉原直樹, 2008,『モビリティと場所——21世紀都市空間の転回』東京大学出版会.
吉原直樹, 2011,『コミュニティ・スタディーズ』作品社.
吉原直樹, 2018,『都市社会学——歴史・思想・コミュニティ』東京大学出版会.

Standing, G., 2011, *The Precariat: The New Dangerous Class*, Bloomsbury Publishing.（＝2016, 岡野内正監訳『プレカリアート——不平等社会が生み出す危険な階級』法律文化社）
Steger, M.B., 2009, *Globalization: A Very Short Introduction*, 2nd ed., Oxford University Press.（＝2010, 桜井公人ほか訳『新版 グローバリゼーション』岩波書店）
Stein, M.R., 1964, *The Eclipse Community*, Harper & Row.
田島英一, 2009,「文脈と協働に見る「公共」の創出可能性」, 田島英一・山本純一編著『協働体主義——中間組織が開くオルタナティブ』慶應義塾大学出版会.
髙橋勇悦, 1969,『現代都市の社会学』誠信書房.
Thomas, W.I. and F. Znaniecki, 1919, *The Polish Peasant in Europe and America*, III, Richard G. Badger.
Thomas ,W.I. and F. Znaniecki, 1927, *The Polish Peasant in Europe and America*, vol. 1–2, Knopf.（＝1983, 桜井厚訳『生活史の社会学』御茶の水書房）
Thrift, N., 2005, 'Driving in the City,' in Featherstone, M., N. Thrift, and J. Urry (eds.), *op.cit.*（＝2010, 近森高明訳, 前掲書）
徳川直人, 2004,「G・H・ミードにおける科学と実践」, 宝月誠・吉原直樹編『初期シカゴ学派の世界——思想・モノグラフ・社会的背景』恒星社厚生閣.
富沢賢治, 1979,「「労働の社会化」と労働者階級」, 経済理論学会編『現代資本主義と労働者階級』(経済理論学会年報第16集), 青木書店.
上野俊哉, 1999,「空間論的転回、その後」,『現代思想』1999年12月号.
Urry, J., 1981, *The Anatomy of Capitalist Societies: The Economy, Civil Society and the State*, Macmillan.（＝1986, 清野正義監訳『経済・市民社会・国家——資本主義社会の解剖学』法律文化社）
Urry, J., 1990, *The Tourist Gaze: Leisure and Travel in Contemporary Societies*, Sage.（＝1995, 加太宏邦訳『観光のまなざし——現代社会におけるレジャーと旅行』法政大学出版局）
Urry, J., 1995, *Consuming Places*, Routledge.（＝2003, 吉原直樹・大澤善信監訳『場所を消費する』法政大学出版局）
Urry, J., 2000, *Sociology beyond Societies: Mobilities for the Twenty-first Century*, Routledge.（＝2006, 吉原直樹監訳『社会を越える社会学』法政大学出版局）
Urry, J., 2003, *Global Complexity*, Polity.（＝2014, 吉原直樹監訳『グローバルな複雑性』法政大学出版局）

Parsons, T., 1937, *The Structure of Social Action: A Study in Social Theory with Special Reference to a Group of Recent European Writers*, McGraw-Hill.（＝1976, 稲上毅・厚東洋輔訳『社会的行為の構造 1』木鐸社）
Prigogine, I., 1997, *The End of Certainty*, The Free Press.（＝1997, 安孫子誠也・谷口佳津宏訳『確実性の終焉——時間と量子論、二つのパラドクスの解決』みすず書房）
Recchi, E. and A. Flipo, 2019, 'Spatial Mobility in Social Theory,' *Società Mutamento Politica*, 10–20.
Reissman, L., 1964, *The Urban Process*,Free Press.（＝1968, 星野郁美訳『新しい都市理論』鹿島出版会）
笹島秀晃, 2023,「都市と文化の社会学——企業家主義的都市論から文化生産論へ」, 吉原直樹編著『都市とモビリティーズ』ミネルヴァ書房.
Saussure, F. de, 1916, *Cours de linguistique générale*, Payot.（＝1994, 小林英夫訳『一般言語学講義』岩波書店）
Schwendinger, H. and J.R., 1974, *The Sociologists of the Chair: A Radical Analysis of the Formative Years of North American Sociology (1883–1922)*, Basic Books.
Scott, J.C., 2012, *Two Cheers for Anarchism: Six Easy Pieces on Autonomy, Dignity, and Meaningful Work and Play*, Princeton University Press.（＝2017, 清水展ほか訳『実践　日々のアナキズム——世界に抗う土着の秩序の作り方』岩波書店）
島崎稔, 2004,『戦後日本の都市分析』(島崎稔・美代子著作集　第4巻), 礼文出版.
篠原雅武, 2015,「人工の都市／匿名の都市」,『現代思想』2015年6月号.
Simmel, G., 1903, 'Die Großstädte und das Geistesleben.' (*Brücke und Tür*,1957)（＝1976, 居安正訳「大都市と精神生活」(ジンメル著作集12) 白水社）
Sjoberg, G., 1959, 'Comparative Urban Sociology,' in Merton, P.K., L. Broom and L.S. Cottrell Jr. (eds.), *Sociology Today*, Basic Books.
Smith, D., 1988, *The Chicago School: A Liberal Critique of Capitalism*, Macmillan.
Smith, M.P., 1979, *The City and Social Theory*, St. Martin's Press.
Soja, E.W., 1985, 'The Spatiality of Social Life,' in D. Gregory and J. Urry (eds.), *Social Relations and Spatial Structures*, Blackwell.
Solnit, R., 2009, *A Paradise Built in Hell: The Extraordinary Communities That Arise in Disaster*, Viking Press.（＝2010, 高月園子訳『災害ユートピア——なぜそのとき特別な共同体が立ち上がるのか』亜紀書房）

（＝1958-1965, 高木幸二郎監訳『経済学批判要綱（草案)』大月書店）
Massey, D., 1993, 'Power-geometry and a Progressive Sence of Place,' in J. Bird et al. (eds.), *Global Politics: Globalization and the Nation-state*, Polity.（＝2002, 加藤政洋訳「権力の幾何学と進歩的な場所感覚」,『思想』2002年1月号）
松岡心平, 1991,『宴の身体』岩波書店.
Mckenzie, R.D., 1950, 'The scope of human ecology,' in G.A. Theodorson (ed.), *Studies in Human Ecology*, Harper & Row.
Mead, G.H., 1917, 'Scientific Method and Individual Thinker,' in A.J. Reck (ed.), *George Herbert Mead Selected Writings*, University of Chicago Press.
Mead, G.H., 1924-25, 'The Genesis of the Self and Social Control,' in A.J. Reck (ed.), *op. cit.*（＝1991, 船津衛・徳川直人編訳『社会的自我』恒星社厚生閣）
Mead, G.H., 1929, 'The Nature of the Past,' in A.J. Reck (ed.), *op.cit.*
Mead, G.H., 1932, *The Philosophy of the Present*, University of Chicago Press.
Mellor, J.R., 1977, *Urban Sociology in an Urbanized Society*, Routledge & Kegan Paul.
水岡不二雄, 1994,「批判的地理学と空間編成の理論――学説史的反省と将来への展望」,『経済地理学会年報』第40巻第1号.
宮地美陽子, 2023,『首都防衛』講談社現代新書.
向山巖, 1966,『アメリカ経済の発展構造』未來社.
Negri, A. and M, Hardt, 2017, *Assembly*, Oxford University Press.（＝2022, 水嶋一憲ほか訳『アセンブリー――新たな民主主義の編成』岩波書店）
Negroponte, N., 1995, *Being Digital*, Alfred A. Knopf.（＝1995, 福岡洋一訳『ビーイング・デジタル』アスキー）.
似田貝香門, 2008,「市民の複数性――現代の〈生〉をめぐる〈主体性〉と〈公共性〉」, 似田貝香門編『自立支援の実践知――阪神・淡路大震災と共同・市民社会』東信堂.
野家啓一, 1996,『物語の哲学』岩波書店.
Oberschall, A., 1972, 'The Institutionalization of American Sociology,' in A. Obershall, *The Establishment of Empiritical Sociology*, Harper & Row.
奥田道大, 1990,「訳者解説」, ロバート・E・L・フェアリス著『シカゴ・ソシオロジー　1920-1932』前掲.
Park, R.E., 1952, *Human Communities*, Free Press.
Park, R.E., 1955, *Society*, Free Press.
Park, R.E. and E.W. Burgess, 1921, *Introduction to the Science of Sociology*, University of Chicago Press.

critique de la vie quotidienne,' *Avant Poste*, 2 (Août).
Lefebvre, H., 1947, *Critique de la vie quotidienne* I, *Introduction*, L' Arche.（=1968, 田中仁彦訳『日常生活批判 序説』現代思潮社）
Lefebvre, H., 1961, *Critique de la vie quotidienne* II, *Fondements d'une sociologie de la quotidienneté*, L' Arche.（=1970, 奥山秀美訳『日常生活批判　2』現代思潮社）
Lefebvre, H., 1962, *Introduction à la modernité, préludes*, Éditions de Minuit.（=1972-73, 宗左近・吉田幸男監訳『現代への序説』上・下, 法政大学出版局）
Lefebvre, H., 1965, *La Proclamation de la Commune, 26 mars 1871*, Gallimard.（=1967-1968, 河野健二・柴田朝子訳『パリ・コミューン』上・下，岩波書店）
Lefebvre, H., 1968a, *La vie quotidienne dans le monde moderne*, Gallimard.（=1970, 森本和夫訳『現代世界における日常生活』現代思潮社）
Lefebvre, H., 1968b, *Le droit à la ville*, Anthropos.（=1969, 森本和夫訳『都市への権利』筑摩書房）
Lefebvre, H., 1970, *La révolution urbaine*, Gallimard.（=1974, 今井成美訳『都市革命』晶文社）
Lefebvre, H., 1973, *Espace et politique*, Anthropos.（=1975, 今井成美訳『空間と政治』晶文社）
Lefebvre, H., 1974, *La production de l'espace*, Anthropos.（=2000, 斎藤日出治訳『空間の生産』青木書店）
Lefebvre, H., 1981, *Critique de la vie quotidienne* III, *De la modernité au modernism*, L' Arche.
Lefebvre, H., 1992a, *The Production of Space*, Wiley-Blackwell.
Lefebvre, H, 1992b, *Éléments de rythmanalyse, introduction à la connaissance des rythmes*, Editions Syllepse.
Levine, D.N., E.B. Carter, and E.M. Gorman, 1976, 'Simmel's Influence on American Sociology, I,' *American Journal of Sociology*, 81-4.
Lyon, D., 2022, *Pandemic Surveillance*, Polity.（=2022, 松本剛史訳『パンデミック監視社会』ちくま新書）
Mannheim, K., 1953, 'American Sociology,' in *Essays on Sociology and Social Psychology*, Internet Archives.
Martindale, D., 1958, 'Prefatory Remarks: The Theory of the City,' in D. Martindale and G. Neuwirth (trans. & eds.), *The City by Max Weber*, Free Press.
Marx, K., 1953, *Grundrisse der Kritik der politischen Ökonomie*, Dietz Verlag.

梨佐訳『コンヴィヴィアリティのための道具』ちくま学芸文庫）
犬塚元, 2017,「政治思想の「空間論的転回」」,『立命館言語文化研究』29巻1号.
石黒ひで, 1993,「「言語論的転回」とはなにか」, 新田義弘ほか編『岩波講座 現代思想4 言語論的転回』岩波書店.
石弘之, 2018,『感染症の歴史』角川ソフィア文庫.
伊藤嘉高, 2024,『移動する地域社会学』和泉書館.
伊豫谷登士翁, 2021,『グローバリゼーション――移動から現代を読みとく』ちくま新書.
Jensen, O., 2006, '"Facework," Flow and the City: Simmel, Goffman, and the Mobility in the Contemporary City,' *Mobilities*, 1.
Keen, A., 2015, *The Internet is not the Answer*, Atlantic Books.（＝2017, 中島由華訳『ネット階級社会』ハヤカワ文庫）
Khan, N., 2016, 'Immobility,' in N.B. Salazal and K. Jayarem (eds.), *Keywords of Mobility*, Berghahn.
Klein, N., 2007, *The Shock Doctorine: The Rise of Disaster Capitalism*, Metropolitan Books.（＝2011, 幾島幸子・村上由見子訳『ショック・ドクトリン――惨事便乗型資本主義の正体を暴く』岩波書店）
小松和彦, 1993,「『空間の経験』文庫版解説」, イーフー・トゥアン著, 山本浩訳『空間の経験――身体から都市へ』ちくま学芸文庫.
河野哲也, 2008,「アフォーダンス・創発性・下方因果」, 河野哲也ほか編著『環境のオントロジー』春秋社.
河野哲也, 2022,『間合い――生態学的現象学の探究』（知の生態学の冒険 J・J・ギブソンの継承 2）, 東京大学出版会.
Kotkin, J., 2020, *The Coming of Neo-Feudalism: A Warning to the Global Middle Class*, Encounter Books.（＝2023, 寺下滝明郎訳『新しい封建制やってくる――グローバル中流階級への警告』東洋経済新報社）
栗田治, 2023,『思考の方法学』講談社現代新書.
Laclau, E. and C. Mouffe, 1985, *Hegemony and Socialist Strategy towards a Radical Democratic Politics*, Verso.（＝2000, 山崎カヲル・石澤武訳『ポスト・マルクス主義と政治』大村書店）
Lash, S. and J. Urry, 1987, *The End of Organized Capitalism*, Polity.
Lash, S. and J. Urry, 1994, *Economies of Signs and Space*, Sage.（＝2018, 安達智史監訳『フローと再帰性の社会学――記号と空間の経済』晃洋書房）
Latour, B., 2005, *Reassembling the Social: An Introduction to Actor-network-theory*, Oxford University Press.（＝2019, 伊藤嘉高訳『社会的なものを組み直す――アクターネットワーク理論入門』法政大学出版局）
Lefebvre, H., (with Guterman,N.), 1933, 'La mystification. Notes pour une

1988, 杉村昌昭訳『分子革命――欲望社会のミクロ分析』法政大学出版局)
Haraway, D.J., 1991, *Simians, Cyborgs and Women: The Reinvention of Nature*, Routledge.(=2000, 高橋さきの訳『猿と女とサイボーグ――自然の再発明』青土社)
Harloe, M., (ed.), 1977, *Captive Cities*, John Wiley & Sons.
Harloe, M., 1981, 'New Perspectives in Urban and Regional Research,' in M. Harloe (ed.), *New Perspectives in Urban Change and Conflict*, Heinemann Educational Books.
Harvey, D., 1973, *Social Justice and the City*, Edward Arnold.(=1980, 竹内哲一・松本正美訳『都市と社会的不平等』日本ブリタニカ)
Harvey, D., 1985a, *The Urbanization of Capital:Studies in the History and Theory of Capitalist Urbanization*, Johns Hopkins University Press.(=1991, 水岡不二雄監訳『都市の資本論――都市空間形成の歴史と理論』青木書店)
Harvey, D., 1985b, *Consciousness and the Urban Experience*, Johns Hopkins University Press.
Harvey D., 1990, *The Condition of Postmodernity: An Enquiry into the Origins of Cultural Change*, Blackwell.(=2022, 吉原直樹監訳『ポストモダニティの条件』ちくま学芸文庫)
Harvey, D., 1996, *Justice, Nature and the Geography of Difference*, Blackwell.
Harvey, D., 2005, *Spaces of Neoliberalization: Towards a Theory of Uneven Geographical Development*, Franz Steiner Verlag.(=2007, 本橋哲也訳『ネオリベラリズムとは何か』青土社)
Harvey, D., 2009, *Cosmopolitanism and the Geographies of Freedom*, Columbia University Press.(=2013, 大屋定晴ほか訳『コスモポリタニズム――自由と変革の地理学』作品社)
Hayden, D., 1995, *The Power of Place: Urban Landscapes as Public History*, MIT Press.(=2002, 後藤晴彦ほか訳『場所の力――パブリック・ヒストリーとしての都市景観』学芸出版社)
Held, D. (ed.), 2000, *A Globalizing World?: Culture, Economics, Politics*, Routledge.(=2002, 中谷義和監訳『グローバル化とは何か――文化・経済・政治』法律文化社)
宝月誠・中野正大編, 2013,『シカゴ社会学の研究――初期モノグラフを読む』恒星社厚生閣.
Hunter, 1983, 'The Gold Coast and Slum Revisited: Paradoxes in Replication Research and the Study of Social Change,' *Urban Life*, 11-4.
Illich, I., 1973, *Tools for Conviviality*, Harper & Row.(=2015, 渡辺京二・渡辺

ーベスト社）
Featherstone, M., 2005, 'Introduction,' in Featherstone, M., N. Thrift And J.Urry (eds.), *op. cit.*（＝2010, 近森高明訳，前掲書）
Fischer, C.S., 1972, 'Urbanism as a Way of Life: A Review and an Agenda,' *Sociological Methods & Research*, 1-2.
Flege, G., 1884, *Grundlagen der Arithmetik*, Hansebooks.（＝2001, 野本和幸・土屋俊編『フレーゲ著作集２　算術の基礎』勁草書房）
Frisby, D.P. and M. Featherstone (eds.), 1997, *Simmel on Culture*, Sage.
藤田弘夫, 2002,「都市社会学の多系的発展――都市社会学100年史」,『慶應義塾大学大学院社会学研究科紀要』第54号.
Geertz, C., 1983, *Local Knowledge: Further Essays in Interpretive Anthropology*, Basic Press.（＝1991, 梶原景昭ほか訳『ローカル・ノレッジ――解釈人類学論集』岩波書店）
ガブリエル, M., 2020, 大野和基訳『世界史の針が巻き戻るとき』PHP 新書.
Gelffant, B.H., 1954, *The American City Novel*, University of Oklahoma Press.（＝1977, 岩元巌訳『アメリカの都市小説』研究社出版）
Gibson, J.J., 1979, *The Ecological Approach to Visual Perception*, Houghton Mifflin.（＝1985, 古崎敬ほか訳『生態学的視覚論――ヒトの知覚世界を探る』サイエンス社）
Giddens, A., 1979, *Central Problems in Social Theory: Action, Structure and Condition in Social Analysis*, Macmillan.
Giddens, A., 1984, *The Constitution of Society*, Polity.（＝2015, 門田健一訳『社会の構成』勁草書房）
Giddens, A., 1990, *The Consequences of Modernity*, Polity.（＝1993, 松尾精文・小幡正敏訳『近代とはいかなる時代か？――モダニティの帰結』而立書房）
Giddings, F.H., 1896, *The Principles of Sociology*, Macmillan & Co.（＝1929, 内山賢二訳『世界大思想全集 37　社会学原理／社会学要論』春秋社）
Goldin, I., 2021, *Rescue: From Global Crisis to a Better World*, Sceptre.（＝2022, 矢野修一訳『未来救済宣言――グローバル危機を越えて』白水社）
Gouldner, A.W., 1970, *The Coming Crisis of Western Sociology*, Heinemann.（＝1975, 栗原彬ほか訳『社会学の再生をもとめて ３』新曜社）
Green, C.M., 1965, *The Rise of Urban America*, Harper & Row Publishers.（＝1971, 清水博訳『アメリカ都市発展史』時事通信社）
Gregory, D., 2000, 'Time-space Compression,' D. Gregory et al. (eds.), *The Dictionary of Human Geography*, Blackwell.
Guattari, F., 1977, *La révolution moléculaire*, Union générale d'éditions.（＝

Burgess, E.W., 1916, 'The Social Survey,' *American Journal of Sociology*, 21.（＝1965, 奥田道大訳「都市の発展——調査計画序論」, 鈴木広訳編『都市化の社会学』誠信書房）

Burgess, E.W., 1925, 'The Growth of the City: An Introduction to a Research Project,' in R.E. Park et al. (eds.), *The City*, University of Chicago Press.

Capra, F., 1996, *The Web of Life*, Harper Collins.

Castells, M., 1976, 'Theory and Ideology in Urban Sociology,' in C.G. Pickvance (ed.), *Urban Sociology: Critical Essays*, Tavistock Publications.（＝1982, 山田操・吉原直樹ほか訳『都市社会学』恒星社厚生閣）

Castells, M., 1989, *The Informational City*, Blackwell.

Certeau, M. de, 1980, *Arts de faire*, Union générale d'editions.（＝1987, 山田登世子訳『日常的実践のポイエティーク』国文社）

Cook, 1993, *George Herbert Mead: The Making of a Social Pragmatist*, University of Illinois Press.

Coser, L.A., 1978, 'American Trend,' in T. Bottmore and R. Nisbet (eds.), *A History of Sociological Analysis*, Basic Books.（＝1981, 磯部卓三訳『アメリカ社会学の形成』アカデミア出版会）

Dant, T., 2005, 'Driver-car,' in Featherstone, M., N. Thrift and J. Urry (eds.), *Automobilities*, Sage.（＝2010, 近森高明訳『自動車と移動の社会学』法政大学出版局）

Deegan, M.J., 1988, *Jane Addams and the Men of the Chicago School, 1892–1918*, Transaction.

出口康夫, 2022,「思想の言葉 「できなさ」から WE ターンへ」,『思想』2022年7月号.

Delanda, M., 2006, *A New Philosophy of Society: Assemblage Theory and Social Complexity*, Bloomsbury Publishing.（＝2015, 篠原雅武訳『社会の新たな哲学——集合体、潜在性、創発』人文書院）

ドゥイアント, R.D., 2005,「カンポンとプダガン・クリリン——変容する路地裏空間とインフォーマル・セクターの地層」, 吉原直樹編著『アジア・メガシティと地域コミュニティの動態——ジャカルタの RT/RW を中心として』御茶の水書房.

Elliot, A. and J. Urry, 2010, *Mobile Lives*, Routledge.（＝2016, 遠藤英樹監訳『モバイル・ライブズ』ミネルヴァ書房）

Engels, F., 1845, *Die Lage der Arbeitenden Klasse in England*.（＝1990, 一條和生・杉山忠平訳『イギリスにおける労働者階級の状態（上）』岩波文庫）

Faris, R.E.L., 1967, *Chicago Sociology 1920–1932*, University of Chicago Press.（＝1990, 奥田道大・広田康生訳『シカゴ・ソシオロジー　1920–1932』ハ

参考文献

Allen, F.L., 1952, *The Big Change : America Transforms Itself, 1900–1950*, Harper & Row.（＝1979, 河村厚訳『ザ・ビッグ・チェンジ』光和堂）

Allen, F.L., 1957, *Only Yesterday: An Informal History of the Nineteen-Twenties*, Harper & Row.（＝1975, 藤久ミネ訳『オンリー・イエスタデイ』研究社出版）

Appadurai, A., 1996, *Modernity at Large: Cultural Dimension of Globalization*, University of Minnesota Press (chap. 2).（＝2002, 門田健一訳「グローバル文化経済における乖離構造と差異」,『思想』2002年1月号）

Arendt, H., 1958, *The Human Condition*, University of Chicago Press.（＝1994, 志水速雄訳『人間の条件』ちくま学芸文庫）

Augé, M., 1994, *Pour une anthropologie des mondes contemporains*, Aubier.（＝2002, 森山工訳『同時代世界の人類学』藤原書店）

Baudelaire, C., 1972, *Selected Writing on Art and Artist*, Penguin Books.（＝1987, 阿部良雄訳『ボードレール全集 Ⅳ』筑摩書房）

Bauman, Z., 2000, *Liquid Modernity*, Polity.（＝2001, 森田典正訳『リキッド・モダニティ――液状化する社会』大月書店）

Benjamin, W., 1992, *Illuminations*, trans. H. Zohn, Fontana.（＝1995, 浅井健二郎編訳『ベンヤミン・コレクション 1　近代の意味』ちくま学芸文庫）

Bergson, H., 1939, *Matière et mémorie, essai sur la relation du corps à l'esprit*, Presses Universitaires de France.（＝1995, 岡部聰夫訳『物質と記憶』駿河台出版社）

Bernard, J., 1973, *The Sociology of Community*, Scott, Foresman & Company.（＝1978, 正岡寛司監訳『コミュニティ論批判』早稲田大学出版部）

Berque, A., 1986, *Le sauvage et l'artifice, les Japonais devant la nature*, Gallimard.（＝1988, 篠田勝英訳『風土の日本』筑摩書房）

Braidotti, R., 1994, *Nomadic Subjects*, Columbia University Press.

Bourdieu, P., 1980, *Questions de Sociologie*, Éditions de Minuit.（＝1991, 田原音和監訳『社会学の社会学』藤原書店）

Bourdieu, P., 1985, 'Social space and the genesis of groups,' *Theory and Society*, 14–6.

Broom, S. and P. Selznic, 1964, *Sociology*, 4th ed., Harper & Row.

吉原直樹 よしはら・なおき

一九四八年生まれ。慶應義塾大学経済学部卒業、同大学院社会学研究科社会学専攻博士課程単位取得退学。社会学博士。東北大学大学院文学研究科教授、大妻女子大学社会情報学部教授、横浜国立大学大学院都市イノベーション研究院教授などをつとめる。東北大学名誉教授。専攻は都市社会学、コミュニティ研究、社会学理論。著書に『コミュニティと都市の未来』（ちくま新書）、『コミュニティ・スタディーズ』（作品社）、『都市社会学』『都市とモダニティの理論』（以上、東京大学出版会）など。

筑摩選書 0293

都《と》市《し》社会学《しゃかいがく》講義《こうぎ》
シカゴ学派《がくは》からモビリティーズ・スタディーズへ

二〇二四年一二月一五日　初版第一刷発行

著　者　吉原直樹《よしはらなおき》

発行者　増田健史

発行所　株式会社筑摩書房
東京都台東区蔵前二-五-三　郵便番号　一一一-八七五五
電話番号　〇三-五六八七-二六〇一（代表）

装幀者　神田昇和

印刷　製本　中央精版印刷株式会社

ISBN978-4-480-01810-6　C0336

筑摩選書 0065

プライドの社会学
自己をデザインする夢

奥井智之

我々が抱く「プライド」とは、すぐれて社会的な事象なのではないか。「理想の自己」をデザインするとは何を意味するのか。10の主題を通して迫る。

筑摩選書 0070

社会心理学講義
〈閉ざされた社会〉と〈開かれた社会〉

小坂井敏晶

社会心理学とはどのような学問なのか。本書では、社会を支える「同一性と変化」の原理を軸にこの学の発想と意義を伝える。人間理解への示唆に満ちた渾身の講義。

筑摩選書 0165

教養派知識人の運命
阿部次郎とその時代

竹内 洋

大正教養派を代表する阿部次郎。『三太郎の日記』で栄光を手にした後、波乱が彼を襲う。同時代の知識人との関係や教育制度からその生涯に迫った社会史的評伝。

筑摩選書 0167

「もしもあの時」の社会学
歴史にifがあったなら

赤上裕幸

過去の人々の、実現しなかった願望、頓挫した計画など「ありえたかもしれない未来」の把握を可能にし、「未来」への視角を開く「歴史のif」。その可能性を説く！

筑摩選書 0199

社会問題とは何か
なぜ、どのように生じ、なくなるのか？

ジョエル・ベスト

みんなが知る「社会問題」は、いつ、どのように社会問題となるのか？ その仕組みを、六つの段階に分けて平易に解説。社会学の泰斗による決定的入門書！

筑摩選書 0248

敗者としての東京
巨大都市の「隠れた地層」を読む

吉見俊哉

江戸＝東京は1590年の家康、1869年の薩長軍、1945年の米軍にそれぞれ占領された。「敗者」としての視点から、巨大都市・東京を捉え直した渾身作！